SONHOS
DIMENSÕES PROFÉTICAS DO EXISTIR HUMANO

Editora Appris Ltda.
1.ª Edição - Copyright© 2023 do autor
Direitos de Edição Reservados à Editora Appris Ltda.

Nenhuma parte desta obra poderá ser utilizada indevidamente, sem estar de acordo com a Lei nº 9.610/98. Se incorreções forem encontradas, serão de exclusiva responsabilidade de seus organizadores. Foi realizado o Depósito Legal na Fundação Biblioteca Nacional, de acordo com as Leis nºs 10.994, de 14/12/2004, e 12.192, de 14/01/2010.

Catalogação na Fonte
Elaborado por: Josefina A. S. Guedes
Bibliotecária CRB 9/870

P494s 2023	Petrelli, Rodolfo Sonhos : dimensões proféticas do existir humano / Rodolfo Petrelli. - 1. ed. - Curitiba : Appris, 2023. 112 p. ; 21 cm. ISBN 978-65-250-4015-8 1. Sonhos. 2. Fenomenologia. 3. Existencialismo. 4. Psicoterapia. II. Título. CDD – 135.3

Livro de acordo com a normalização técnica da ABNT

Appris
editora

Editora e Livraria Appris Ltda.
Av. Manoel Ribas, 2265 – Mercês
Curitiba/PR – CEP: 80810-002
Tel. (41) 3156 - 4731
www.editoraappris.com.br

Printed in Brazil
Impresso no Brasil

Rodolfo Petrelli

SONHOS
DIMENSÕES PROFÉTICAS DO EXISTIR HUMANO

FICHA TÉCNICA

EDITORIAL	Augusto Vidal de Andrade Coelho
	Sara C. de Andrade Coelho
COMITÊ EDITORIAL	Marli Caetano
	Andréa Barbosa Gouveia (UFPR)
	Jacques de Lima Ferreira (UP)
	Marilda Aparecida Behrens (PUCPR)
	Ana El Achkar (UNIVERSO/RJ)
	Conrado Moreira Mendes (PUC-MG)
	Eliete Correia dos Santos (UEPB)
	Fabiano Santos (UERJ/IESP)
	Francinete Fernandes de Sousa (UEPB)
	Francisco Carlos Duarte (PUCPR)
	Francisco de Assis (Fiam-Faam, SP, Brasil)
	Juliana Reichert Assunção Tonelli (UEL)
	Maria Aparecida Barbosa (USP)
	Maria Helena Zamora (PUC-Rio)
	Maria Margarida de Andrade (Umack)
	Roque Ismael da Costa Güllich (UFFS)
	Toni Reis (UFPR)
	Valdomiro de Oliveira (UFPR)
	Valério Brusamolin (IFPR)
SUPERVISOR DA PRODUÇÃO	Renata Cristina Lopes Miccelli
ASSESSORIA EDITORIAL	Renata Cristina Lopes Miccelli
REVISÃO	Josiana Aparecida de Araújo Akamine
DIAGRAMAÇÃO	Jhonny Alves dos Reis
CAPA	Bruno Nascimento
REVISÃO, COLABORAÇÃO E ORGANIZAÇÃO	Margarida Maria dos Santos Petrelli; E-mail: guidapetrelli@gmail.com; Bárbara Khristine Alvares de Moura Carvalho Camargo

Dedico estas páginas à minha querida mãe, Natalina Marasco Petrelli, que me deixou órfão aos meus 5 meses de vida, no dia 22 de maio de 1938, mas que apelou, no seu morrer, para a Mãe do Céu me proteger; até hoje minha mãe está Presente, como Desejo, nos meus dias e nos meus Sonhos, na Espera, com Esperança do meu reencontro com ela em outra dimensão da Existência, na Eternidade.

À minha esposa e companheira, Margarida Petrelli, meu precioso Báculo e guia fiel, nas caminhadas da vida, guardando essas escritas como algo de precioso a ser protegido e revelado no momento certo.

À minha grande amiga e colega psicóloga, Bárbara Khristine A. M. Carvalho Camargo, competente revisora e organizadora destas minhas escritas, dedicando-se horas e dias, para que esta obra se tornasse realidade, nos seus evidenciados significados, com a colaboração da minha amada esposa.

Dedico também estas escritas a todas as leitoras e leitores, que fazem dos seus sonhos, na leitura destas páginas, válidos e renovados projetos de vida.

*Ao despertar, para um novo dia iniciar,
três momentos a Viver, para nada perder:
1º Uma Prece ao Divino,
2º Um beijo à amada e ao amado
3º E um Sonho a contar,
e, num ternuroso abraço, outro Sonho a se revelar,
para a Vida, no Mistério, pela Luz continuar,
e, uma História, no Eterno anunciada,
no Presente se realizar.*

(Rodolfo Petrelli, 2006)

No Instante do Tempo
Que a Nós foi dado
Se decreta o destino
Na Eternidade
Viva-o
Com Intensidade
Com Responsabilidade
E Amor.

(Rodolfo Petrelli, 2006)

APRESENTAÇÃO

Para quem conhece o autor do presente livro, *Sonhos: dimensões proféticas do existir humano*, torna-se desnecessária uma apresentação, uma vez que os modos característicos e essenciais de sua narrativa, em conjunto com as partes construtivas e alternativas que bem marcam sua existência, estão presentes nesta obra.

As atividades mentais da vida onírica, ou seja, os sonhos, que sempre intrigaram o homem desde a sua ancestralidade, estão levadas a efeito neste livro, onde constatamos uma apresentação originalíssima, sem perda das pautas essenciais que a matéria exige e com um tom sensível e poético que marca o estilo do autor.

Qualquer que seja a verdade que o leitor persiga a respeito de sonhos, aqui encontrará, em conclusões inusitadas, repensadas de forma original e sem se desviar da fidelidade, o que a filosofia e a ciência já desvendaram sobre o fenômeno do sonhar.

Todas as vias, não somente de conhecimento profundo sobre a matéria, mas também de sabedoria, aqui se encontram, uma vez que, se o conhecimento é de alguma maneira transmitido em forma de dados prontos e constatados, a sabedoria somente se alcança por descobertas experimentadas no viver de cada sujeito; ou seja, há uma parcela desenvolvida. Como ter acesso às próprias experiências, na Existência transcorrida através de um tempo — passado, presente e porvir —, considerando a temporalidade não somente cronológica, mas também o tempo lógico[1], exclusivo de cada sonhador, no qual se inserem seus afetos, ou o sentir profundo de cada vivência, a não ser nos sonhos?

O vivido experimentado, investido de sentimentos reentrantes, ao se transformar em um significante, irá fatalmente convergir para outros significantes de determinada categoria, na referência de uma origem que inaugura uma cadeia em busca de significados. Eis uma

---
[1] "Tempo lógico", descrito pelo psicanalista Jacques Lacan.

das tarefas essenciais do sonho: dar significado ao significante que não encontrou meios de simbolização.

Todo ser humano vivente guarda consigo, de forma inconsciente, sua própria sequência de eventos traumáticos ou simplesmente pontuados por nostalgias ou uma espécie de tentativa de resgate, daquilo que outrora afetou e ainda afeta, na presentificação imediata do aqui e agora de uma revivência que o invade, nos sonhos ou em vigília, trazendo a sensação de que aquilo já foi experimentado antes. Fragmentos e cenas que insistem em uma reelaboração, lapsos do tempo de vigília que nos remetem justamente aos modos de funcionamento da vida onírica (do grego *oneiros*, "sonho"). Como bem disse Bion[2]: "Sonhamos continuamente".

Se o homem habita a linguagem e se "o inconsciente é estruturado como uma linguagem" — como afirmou Jacques Lacan —, então os sonhos são a voz do inconsciente, esse lugar que Petrelli chamou, com toda exatidão, de "porões e sótãos dos desejos". Trata-se do lugar de onde os sonhos, com suas narrativas disfarçadas, tiram seus conteúdos, não à mercê de acasos ou de questões aleatórias e imaginárias, mas com base na vivência transcorrida de cada sonhador e do que ele pôde fazer, como os recursos inerentes ao seu ser, de suas perturbações, anseios e realizações no seu estar no mundo.

Desde que a ciência avançou seus conhecimentos a respeito das elucubrações das atividades oníricas, a tendência de quem se dedica ao assunto tem sido a de descartar a possibilidade de que, presentes nos sonhos, haja revelações sobre o futuro. É verdade que esse é, sim, um campo decodificável, e o autor não omitiu seus esclarecimentos a respeito, revelando-nos, ainda, um novo olhar, irrefutável, extremamente coerente e respaldado nas próprias evidências do sonhar, sobre essa dimensão dos sonhos como profecias.

Não posso deixar de declarar, aqui, minha imensa satisfação em apresentar este livro, guardando a certeza de ser este um trabalho

---

[2] Wilfred Bion, psicanalista britânico.

único e inovador, o qual espero que possa ser bastante divulgado, por se tratar de uma contribuição riquíssima a uma área do saber de tamanha importância.

Heloísa Porfirio Bretas
Psicanalista

SUMÁRIO

INTRODUÇÃO 17

1
A LINGUAGEM ONÍRICA 21

2
RELATO DE UM SONHO COMO PROFECIA 25

3
OS SONHOS NAS SUAS MANIFESTAÇÕES
E DECLARAÇÕES 29

4
SONHOS: PORÕES E SÓTÃOS DOS DESEJOS 37

5
PROCEDIMENTOS PARA A INTERPRETAÇÃO DOS
SONHOS 41

6
O SONHO DE VIKTOR FRANKL 53

7
A INTERPRETAÇÃO DOS SONHOS NA ABORDAGEM
FENOMÊNICO EXISTENCIAL 57

8
POSTURAS METODOLÓGICAS E TÉCNICAS DO
ANALISTA DOS SONHOS 61
    8.1 Formação e atributos do analista dos sonhos 65

9
HISTORIA MAGISTRA VITAE: A HISTÓRIA NOS ENSINA
A VIVER 67

10
**A EXISTÊNCIA PRECISA DE DECOLAGEM: DA
IMANÊNCIA PARA A TRANSCENDÊNCIA NA
DIMENSÃO DA PRECE** 75

11
**A PRECE COMO DIMENSÃO RELEVANTE NO
PROCESSO PSICOTERAPÊUTICO** 81
    11.1 A origem da Prece na história da humanidade 82
    11.2 As razões da Prece 83
    11.3 Psicoterapia e Prece 87
    11.4 A Prece no processo psicoterapêutico 88

12
COMPOSIÇÃO GRÁFICA DA REGIÃO ONÍRICA 93

13
A CURA PELA PRESENÇA DO AMOR 101

REFERÊNCIAS 107

INTRODUÇÃO

Sonho: catarse ou profecia?
Por que sonhamos? Qual é a função do "sonhar"? Qualquer fisiólogo especializado na anatomia e fisiologia do sistema nervoso central responderia sem hesitação a essa pergunta. Qualquer estudante das ciências da vida teria condições de responder, pois é matéria escolar obrigatória.

O sonho, o sonhar é uma atividade inercial de refluxo da atividade mental, das percepções, dos processos ideativos, afetivos e conativos do indivíduo. Sonhar, nesse sentido, é uma reelaboração das experiências vividas, às vezes, simplesmente caótica, outras vezes, obedecendo a uma lógica que Freud explica magistralmente: a lógica do inconsciente e o seu desvelamento às regiões da consciência.

O sonhar, os conteúdos oníricos tanto são atividades puramente fractais quanto expressivos de uma experiência da consciência obliterada. Nesse caso, o sonhar é uma linguagem com sua própria estrutura, com suas regras de funcionamento, com sua própria metodologia hermenêutica — interpretativa.

Os sonhos registram então uma história de vida paralela, às vezes, monitorada pelo próprio eu, às vezes, por um Alter Ego — Outro Eu — dissociado, figura de anjo ou figura de demônio, luz e sombra da mesma personalidade.

Devemos recuperar a leitura dessa linguagem para chegarmos à compreensão da nossa experiência, da nossa profunda identidade, dos nossos desejos autênticos, das nossas origens e, quem sabe, do nosso próximo destino.

Soma e Psique são os territórios que darão sentido aos fenômenos do sonhar. Pertencem às regiões da imanência, todas dirigidas pelas leis da natureza, pelo princípio de causa e efeito, pelas induções e deduções da lógica, pelas regras da composição dos signos em imagens e símbolos, em significantes e significados.

O sonho é, por isso, matéria de um neurologista, de um neuropsicólogo, de um psicanalista, de um psicolinguista e um poeta. Essa "matéria", porém, está toda nos confins da imanência, dentro das leis do espaço e do tempo, tornando-se o sonho, um fenômeno explicável, terceira dimensão da experiência e da consciência: olhar introspectivo e profundo da realidade.

O desvelamento da realidade imanente sempre libera a consciência do peso, dos seus limites e da sua impotência, restituindo-lhe a clareza de uma visão imediata da essência das coisas.

Os sonhos reorganizam, nesse sentido, a experiência, aprofundam, ampliam, conectam os vários momentos do passado no presente e do presente no passado, contribuindo, com isso, para dar interioridade a uma história de vida: uma simples crônica de fatos no sonho, torna-se uma história de vida interior.

Nem sempre temos, quando experimentamos e percebemos, a atenção aplicada e concentrada sobre toda a realidade processada; partes e detalhes, às vezes, essenciais, fogem à nossa atenção, como também nossa desatenção é seletiva dos fatos e é organizada defensivamente.

Os sonhos representam, nesse caso, as testemunhas de uma Verdade que tentamos ocultar para nós mesmos; representam um desmascaramento a toda tentativa do Eu de simular e dissimular a sua identidade. Nos sonhos não só encontramos nossa verdadeira face como também a verdadeira face do outro, quem o outro é, se nos ama ou se nos odeia, se é amigo ou inimigo.

Os sonhos desvelam a face oculta da realidade. Estão no tempo imanente, e no passado desse tempo, reevocando-os e ressignificando-os; estão no presente imanente dando-lhe a dimensão de um tempo que continua; estão no futuro do tempo imanente antecipando-o, pelo menos em partes e em momentos.

Os sonhos, porém, não estão apenas na temporalidade imanente; transcendem o tempo penetrando na Existência pura, absoluta, para além do tempo, estão na Transcendência do tempo.

Aqui, o existir, no viver, processa-se nas tramas do tempo; o próprio existir, que experienciamos como fenômeno temporal, é Existência já dada, totalmente vivida com as intenções, os projetos realizados, as consequências ocorridas, os julgamentos pronunciados e o destino já decretado.

Os sonhos, na Transcendência do tempo, podem trazer, para o tempo imanente, fragmentos, e mais fragmentos, de um destino eternamente estável já sentenciado, mas que na imanência nós o vivemos como ainda em devir.

Nos sonhos é possível que nos seja revelado quem seremos e onde estaremos. Essas revelações têm, entretanto, quando recebidas e assimiladas no livre arbítrio do advir imanente, um fator iluminante e corretivo das nossas determinações para que a própria Imanência corrija o caminho antecipando a Transcendência — isso é Profecia!

O Sonho Profecia é Graça dada, é dádiva divina, é também dádiva de uma Prece intensa, diurna, humilde. A Prece nos transfere exatamente para os limiares últimos entre a Imanência e a Transcendência, entre o tempo e a Eternidade.

O Sonho Profético é a resposta divina à Prece humana. No mistério da noite, quando os lábios silenciam as últimas Preces, os sonhos entram no adormecer como anjos em vestes de plebes, na cidade não mais vigiada, revelando mensagens divinas aos corações ainda despertos. Ninguém pode lamentar de que Deus não nos falou. Nos sonhos a revelação continua para cada alma atenta.

A compreensão do sonho Profético também se dá na Prece. A Prece abre e fecha, ao redor do sonho, a profecia para que ela se torne compreensível como palavra de Deus na história e como palavra de Deus unicamente para cada um de nós.

1

A LINGUAGEM ONÍRICA

É possível um método objetivamente crítico na análise dos processos oníricos?

De acordo com Freud (1972), a interpretação de um sonho se dá em um diálogo entre duas vertentes: a vertente do analista e a vertente do analisando, perdido no seu inconsciente, na busca da consciência.

É também um diálogo entre dois tipos lógicos operantes, cada um na sua própria subjetividade.

O método intuitivo na compreensão interpretativa dos sonhos é o procedimento mais objetivo e crítico que a Psicologia científica propõe para nós Psicólogos, na leitura do profundo, segundo Minkowski (1961).

Para a leitura desse profundo onírico é necessária uma disponibilidade empática que exige uma identificação com os processos experienciais existenciais e com as práticas comunicativas do analisando, de acordo com Geertz (1988).

O analista interpretante deve se disciplinar para assumir no exercício interpretativo a postura metodológica da Fenomenologia, na redução não apenas dos sistemas lógicos teóricos, mas na redução das próprias e subjetivas categorias interpretativas.

O profissional intérprete dos sonhos administra duas fontes:

- A primeira é o universal significante dos símbolos oníricos;
- A segunda são os significantes subjetivos das imagens e dos símbolos oníricos. Como chegar a essa segunda fonte?

Chega-se a essa segunda fonte por meio de um itinerário anamnésico da história de vida do sujeito, do seu sistema, significantes os símbolos nos objetos da realidade, e nos fatos que traçaram a sua história de vida.

Esse itinerário constitui-se como fundamental instrumento metodológico no sistema *Matéria e Memória*, de Bergson (1999).

O analista deve se despojar não apenas dos seus esquemas teóricos, mas da sua sensitividade e sensibilidade emocional profunda, identificando-se quase por um jogo dialogante, com o sentir do seu analisando.

A compreensão empática do sentir profundo do analisando é como um "diapasão que entra em vibração" pelas ondas sonoras emanadas por outro instrumento, na emissão de uma nota musical.

Essa compreensão empática intuitiva foi bem descrita por Minkowski, quando perguntado como conseguia compreender o outro no seu experienciar e expressar a vida vivida, nas dimensões da patologia e da normalidade, Minkowski respondia que não apenas vivia com o seu paciente por horas no dia, e por dias na semana; mas nesse tempo de convivência vivenciava o paciente, em uma empatia não apenas de pensamento, mas de sentimentos e sensações, na sintonia e simpatia.

Não apenas a Psicanálise, mas a Fenomenologia, com os seus procedimentos redutivos, e a Gestalt também, com os seus princípios categóricos da pregnância, fornecem um eficiente método interpretativo.

Apenas um sonho não é uma história completa; cada elemento de um sonho é como uma peça a ser montada em um quebra-cabeça; e sonhos, um após o outro, são peças de um quebra-cabeça e as peças maiores não são as mais importantes e significativas; muitas vezes, as peças-chave são as menores, que se escondem atrás das maiores e sem as quais a História, na sua plena e íntegra Verdade, não pode ser desvelada.

Às vezes a História, a Profecia e a Verdade se desvelam em uma série de sonhos e cada um é como um capítulo de um romance, ou um "ato" de um drama exposto em um teatro: "Teatro da Vida".

A nossa vida, da infância à velhice, é realmente um Teatro no qual, e durante o qual, se vai desvelando a trama de um *Dasein* lançado nesse Tempo, para ser vivido (HEIDEGGER, 1953).

Em um sonho, ou em uma série de sonhos, se fundem e se combinam existências não apenas de um protagonista que os resgatam de um passado próprio, próximo ou remoto, mas de vários protagonistas, cujas Histórias de vida, em tempos passados, confluem, confundindo-se na memória encoberta do protagonista, como sujeito que experiência os sonhos.

Nos sonhos, não apenas se recompõem ancestrais experiências de vida do sujeito sonhante, mas se combinam experiências de vida no contínuo da duração: do presente, do passado e do futuro advir, como Profecia.

É obvio, e de imediata confirmação consensual, que nos sonhos, pela memória atuante na consciência e no inconsciente, revive-se o passado remoto e recente não apenas do próprio sujeito, mas dos seus antepassados.

É difícil, contudo, aceitar que nos sonhos se antecipa o futuro; porque nem sempre os sonhos são uma profecia, mas alguns podem ser sim, uma Profecia!

A Existência se projeta e se revela em duas dimensões, uma no tempo como realidade física, experimentável em momentos sucessivos contínuos, em uma duração que amarra todos os momentos do passado, do presente e do futuro; a outra, fora do tempo, e, em um Tempo, onde passado, presente, futuro se desfazem como partes da duração do antes, do agora e do depois: o tempo, na sua Imanência, apela para sua própria Transcendência.

O termo Eternidade é o mais apropriado para indicar esse fenômeno pelo qual e o que, no tempo, irá acontecer ou já está acontecendo. Nos sonhos esses acontecimentos do futuro se tornam presente pelo mistério do Tempo na Eternidade: Tempo sem duração.

2

RELATO DE UM SONHO COMO PROFECIA

Defendendo a tese hipotética de que o futuro no Tempo se antecipa no presente no momento dos sonhos, eu, Rodolfo Petrelli, em sintonia com as teses de Frieda Fromm-Reichmann e de Erich Fromm apresento um sonho de um amigo que ocorreu em 1995, no dia 22 de dezembro e do qual fui testemunha presencial e intérprete dos acontecimentos que sucederam ao sonho.

Eu e minha esposa, Margarida Petrelli, fomos visitá-lo em sua residência, na cidade de Goiânia-GO. O amigo, Marcelo (nome fictício), era artista plástico. Em um entardecer estávamos no seu ateliê, um espaço bonito com plantas frutíferas de várias espécies, incluindo palmeiras; o lugar era repleto de obras de arte, em barro e argila, algumas acabadas, outras inacabadas; logo após os cumprimentos da nossa chegada, ele me contou um sonho que o atormentava todas as noites, nas duas últimas semanas: "Um homem, rapaz, corria atrás de mim com um facão; mas a noite passada não sonhei mais, foi um alívio!".

Eu, abusando de uma postura acadêmica, liquidei a conversa com esta frase sentencial: "Marcelo, os sonhos são efeitos de inércia cerebral, são efeitos de mecanismos de catarse emocional; mas os sonhos também podem ser profecia", e finalizei o assunto com essa sentença *ex cathedra*, sem dar-lhe mais importância.

Marcelo frequentava pós-graduação em Artes Plásticas na Universidade Federal de Goiás (UFG) e costumava trocar ideias comigo sobre o tema da sua dissertação de mestrado: "O significado simbólico das folhas nas artes plásticas pictóricas de todos os tempos".

Entre idas e vindas de nossa conversa, em um momento, eu com sede fui buscar um copo com água no pote de barro da sua cozinha; **o pote estava seco**; reclamei com Marcelo dessa sua displicência; ele compensou o seu descuido oferecendo-me água de coco; aceitei e então ele foi buscar um pequeno coco, o último da sua palmeira. Com o coco na mão, Marcelo foi buscar um facão enorme e iniciou a dar golpes no fruto da terra.

Preocupado gritei: "Não faça isso, Marcelo! Você pode cortar a sua mão", então Marcelo colocou o coco em cima de uma tora de madeira, deu umas facãozadas tão fortes que o fruto **se partiu no meio, derramando a pouca água que tinha**.

De repente, eu forçado pela situação inesperada, sentenciado pelo poder do Alto, como "intérprete", caí em um estado de perplexidade, de angústia e de medo, mas me contive.

A conversa continuou e eu tranquilizei o amigo Marcelo sobre a minha sede, e fomos eu e a minha esposa buscar água no boteco próximo ao seu ateliê.

De novo, conversa vai e conversa vem, Marcelo me comunicou que tinha que ir, com urgência na sua chácara, próxima ao município Goiânia, porque havia recebido um telefonema, dando-lhe a notícia que alguns dos seus bezerros estavam doentes e que precisavam de remédios. Continuei lhe dando conselhos que tomasse cuidado para não colocar a sua vida em risco.

Convidou-me a ir com ele, porém, dispensei o convite, pois era dia 22 de dezembro e no dia 23 fechava o semestre acadêmico na UCG, agora PUC, e tínhamos também que preparar o Natal em nossa casa.

Novamente fui surpreendido por outra grande angústia: do pote seco, do pequeno coco e do facão que com violência "esquartejava o fruto"; todas essas imagens se combinavam profeticamente com o sonho que Marcelo havia acabado de me contar.

Com preocupação, o aconselhei a não ir até a chácara; um pressentimento forte e trágico tomou conta dos meus pensamentos, pela situação da notícia dos animais doentes, e pelo conteúdo onírico contado por Marcelo, agregados aos acontecimentos reais e simbólicos que haviam acabado de acontecer naquele dia.

Marcelo insistiu em ir para a sua chácara naquele fim de tarde; então, o aconselhei a não ir sozinho; e que, chegando à cidadezinha próxima à sua chácara, procurasse pelo menos um companheiro esperto e vigoroso.

Assim ele o fez; mas quando chegaram à chácara, a notícia dada camuflava uma cilada programada já dias antes pelo seu ex-chacareiro, paranoicamente convencido de que o seu ex-patrão, Marcelo, o tivesse denunciado pelo roubo de uma moto.

Chegando à chácara, Marcelo e seu amigo se depararam com o assassino, que, à espera e armado com um revólver, já foi atirando contra o amigo que acompanhava, mas que correu e saiu ileso, e em seguida o assassino avançou contra Marcelo com um facão.

Marcelo, totalmente desarmado, tentou se defender com suas próprias mãos, desviando-se dos golpes de facão investidos contra ele pelo assassino, e com as mãos todas cortadas, já inerme e sangrando, caiu no chão; o assassino partiu ainda para cima do corpo do Marcelo e o esquartejou, derramando sangue por todos os lados como aconteceu, simbolicamente, com a água daquele pequeno coco.

O fim daquele dia foi anunciado e profetizado pelo recorrente e angustiante sonho do próprio jovem Marcelo, que faleceu tragicamente naquele triste entardecer.

No dia seguinte, fui ver seu corpo no Instituto Médico Legal (IML) todo esquartejado em cima de uma pedra, aberto, exânime, exangue, como o seu pote de barro sem água e como o coco estraçalhado, sem suco.

A profecia do sonho se cumpriu, o futuro quis entrar na frente, mas sem crédito, incrédulo na sua razão; o Presente não lhe deu a devida escuta e atenção: perdendo-se como trágica memória de um passado.

Seja-me permitido agora fazer algumas considerações sobre o que pode significar o prenúncio antecedentemente declarado pelos sonhos.

Acredito por isso que os sonhos são momentos inerciais, como refluxos do cérebro, ecos disformes de processos perceptivos de representações dos outros nas relações interpessoais.

Os sonhos também são uma galeria de registros dos desejos, quando permitidos pela moral pública, ou quando proibidos e interditados, e mesmo aqueles considerados impossíveis e reprimidos no instante de vir à compreensão da luz da consciência.

Os sonhos são **caixas de Pandora** dentro das quais têm de tudo: entulhos da memória em que se escolhe o que se quer ficar e o que há de mais interessante; onde há peças de um quebra-cabeça a serem recompostas na reconstrução de imagens e figuras significativas e peças de antigos mapas para chegar ao tesouro perdido.

Reafirmo que os sonhos podem ser sim uma Profecia!

3

OS SONHOS NAS SUAS MANIFESTAÇÕES E DECLARAÇÕES

A linguagem onírica se presta, na sua plástica simbólica, como um existentivo a ser significado, para o sujeito, nas suas dimensões existenciais e universais do seu humano existir.

É importante lembrar que o termo existentivo se refere a toda situação concreta vivida pelo próprio sujeito, e que o termo existencial é o significado abstrato e universal de que o sujeito no momento analítico-reflexivo pode dar à compreensão da sua própria existência.

Os existentivos oníricos são imagens cênicas concretas reevocadas pela memória de fatos e ocorrências da vida vivida no decorrer do tempo, da primeiríssima infância e da adolescência, como também do momento atual da vida.

São imagens, às vezes, fotográficas idênticas ao ocorrido na vida real, às vezes, são imagens retocadas por pequenos, mas significativos detalhes; às vezes, distorcidas, remanejadas com a inclusão de fragmentos de outras cenas oníricas, sempre, porém, significativas.

Também podem ser cenas não reevocadas do presente e do passado vivenciadas pelo próprio sujeito, mas podem ser mobilizadas e resgatadas como memória das experiências dos antepassados, que definimos como memória genética.

O nosso parencéfalo na região do hipocampo é um arquivo das experiências da humanidade desde os seus primórdios.

O existencial onírico é fruto de um processo analítico e se eleva às categorias da existência, sendo essas, muito significativas para o sujeito sonhante. Esse momento indutivo é já um início do processo interpretativo.

O existencial onírico, objeto da interpretação, se traduz a uma ideia e a um conceito que dá significado à existência, ao *modus vivendi* do sujeito, e ao seu projeto de vida.

Segurança, insegurança, certeza, incerteza, potência, impotência, esperança, desespero, autenticidade, decadência, são algumas, entre tantas outras ideias e suas possibilidades da existência humana.

A ideia (*verbum*) deve alimentar a ação em um discurso analítico — dialético no confronto com outras ideias e outros discursos, próprios e alheios do sujeito em análise onírica, lembrando que "A Palavra se fez Carne" – *Et Verbum caro factum est*, reforçando a passagem do Evangelho: "A palavra-ideia se fez ação, dada à humanidade para os seus potenciais e direitos de agir" (Evangelho de João).

Esses discursos analíticos são escaladas e descidas nas alturas e nas profundidades e vice-versa, onde se escondem os Mistérios da Existência nos seus significativos recônditos, que se manifestam em aparentes situações paradoxais, contraditórias, distorcidas, e em temáticas estruturalmente absurdas, confusas, contaminadas, mas, contudo, sempre permeadas de uma misteriosa e possível verdade.

Permitam-me compartilhar este devaneio elaborado depois de um sonho que tive no mês de dezembro de 1978, aos meus 44 anos de idade.

"A Verdade é filha de uma Deusa, Senhora dos Céus e da Terra, Senhora do Tempo, de todos os tempos, passado, presente e futuro. A Verdade pediu à sua Mãe Deusa permissão de visitar a Terra e os seus habitantes humanos e não humanos: animais dos mares, das florestas, das planícies e dos desertos. A Mãe Deusa do Universo deixou a sua filha Verdade visitar a Terra, mas, com uma condição: que deixasse no céu as suas esplendentes vestimentas de Filha Divina e usasse roupas simples iguais às pessoas humildes habitantes da Terra e que não se hospedasse nos palácios dos reis da Terra, mas nas casas desses humildes; e que, ao falar, não imitasse os filósofos e catedráticos, nem os Sacerdotes dos Templos Sagrados, nem os Generais e os Coronéis dos exércitos; mas que se igualasse à linguagem dos simples, dos iletrados e até dos 'Loucos', e enfim ordenou-lhe que as suas palavras ressonassem nas noites, entrassem nos sonhos, como ecos de mensagens divinas. A Verdade, Filha da Deusa Mãe, estava se preparando para a sua viagem na Terra e ao se despedir, a Deusa Mãe do Universo e dos Tempos ao abraçá-la e abençoá-la, lhe disse: filha amada, cuidado! Na Terra você terá uma inimiga, o nome dela é Mentira; que se hospeda nas casas dos poderosos, dos aristocratas, seduzindo, comprando e corrompendo filósofos, cientistas e até os senhores das leis. Minha filha Verdade, a Mentira te perseguirá de dia e de noite, entrando furtiva nos sonhos; tentará te vencer, te subjugar, te silenciar, sepultando-te nos túmulos dos mortos; mas Eu estarei contigo; o nosso Anjo Razão também estará contigo até o fim da tua estadia na Terra, e quem te ouvirá terá que lutar junto contigo, e assim, habitará no nosso Reino".

 O momento de interpretar o conteúdo onírico é de fato um debate, uma luta na dialética entre a "Verdade e a Mentira": o quanto de Mentira se esconde mascarada na Verdade e quanto também de Verdade se esconde na Mentira.

 A analítica existencial é uma experiência, uma metodologia da fenomenologia dialética, quando fatos, eventos, ocorrências da existência se confrontam nas duas categorias da Verdade e da Mentira, dimensões essas que não se diferenciam ocupando polos opostos, mas, na vida real, autêntica, combinam-se, confundem-se, mobilizando conflitos angustiantes, responsáveis de jogar a existência em experiências catastróficas, de decadência e sem retorno, quando esse Mistério, no seu obscuro não é revelado.

 A Verdade, quando se faz "Carne", quando entra na dimensão humana, deixa a sua originária e transcendente perfeição, e assume a sua terrena e mundana vestimenta da autenticidade nos seus conflitos e nas suas dúvidas.

Ser autêntico, sentenciava Heidegger (1953), não é ser perfeito: nenhum ser humano é perfeito, nenhuma obra humana é perfeita; é perfeito quem no seu cotidiano, no seu dia a dia, resgata a sua competência reconhecendo também as suas falhas e omissões com a Verdade, cuja perfeição nunca se alcança, há sempre algo a se aprimorar, como o grande artista renascentista Michelangelo com a sua obra esculpida, a estátua de "Moisés", ele mesmo na sua busca pela perfeição a criticou e com um ato impulsivo jogou o seu martelo quebrando o braço da estátua.

Quando um artista acha a sua obra perfeita, intocável, ele mesmo decai no grande equívoco ao contemplá-la; as imperfeições são inevitáveis, são incentivos e motivações para que algo de melhor ainda possa se alcançar.

Nenhuma pessoa humana, no alto da sua sabedoria tem a Verdade na mão, convencendo-se disso, e na sua certeza, regride e sentencia um delírio de exaltação e vaidade.

A Verdade na sua plenitude e perfeição nunca se alcança: descobre-se, e se desvela aos poucos, está sempre mais longe, pedindo algo a mais para ser alcançada.

A Verdade não mora no Tempo, está fora do tempo; a Eternidade é a sua morada! Nós humanos, porém, temos que buscá-la, persegui-la nos limites do possível já na Imanência desse Tempo.

No Tempo é verdadeiro quem é autêntico, quem constrói a autenticidade do seu Eu, da sua própria ideia original, que se apresenta, tornando-se Presença como identidade e singularidade original, autor e ator da sua própria história. É verdadeiro quem realiza a sua ideia original na História da sua vida.

O caminho da perfeição e o itinerário para encontrar a autenticidade estão na luz da noite; isso não é uma fantasia; é no mistério do profundo, no espaço dos sonhos, na dialética das cenas oníricas, na tese e antítese entre contradições, certezas e erros, que encontramos a Verdade.

Ideias alheias, não verdadeiras, não resplandecem de luz própria. Nas noites as ideias verdadeiras brilham com uma luz própria, e nos sonhos se revelam, mas não de formas claras como na lógica do diurno, mas na lógica do noturno, envolta e permeada de mistérios.

A linguagem do noturno é de natureza imaginária, simbólica; dispensa o rigor da lógica silogística formal; o linguajar simbólico tem a sua própria lógica e quem nela se fundamenta é considerado ou um ser pensante primitivo, regredido aos seus processos paratáxicos, ou um ser que perdeu a razão e decaiu na insanidade mental.

O sonho é um falante dialético crítico, é um Ego puro, que questiona radicalmente tanto a dimensão empírica quanto a dimensão do senso comum, ao qual o Eu recorre para ter mais certeza e convicção (HUSSERL, 1959).

Muitas vezes, o Eu é encapsulado no seu próprio subjetivismo sem aberturas e alienado ao pensamento comum; contudo, esse Ego puro se esconde nos sonhos, como um "tesouro perdido em um amontoado de entulhos".

O autor dessas páginas passou por uma experiência profundamente significativa e iluminante, a qual será aqui relatada.

"Todos os dias eu ia a pé da minha residência à Universidade. A rua onde eu morava no bairro Vila Nova, terminava na praça Botafogo, que se abria para o setor universitário, e o setor sul, na cidade de Goiânia. Ao término da rua, na calçada, pedreiros e serventes tinham jogado um monte de entulhos da demolição de uma velha casa. No meio desses entulhos me chamava atenção um pequeno cofre enferrujado, com resíduos de concreto, mas à vista de todos os transeuntes pedestres e lojistas da rua.

Ao ver esse velho cofre, dia após dia, nas idas e voltas da minha residência até à Universidade Católica, imaginava, que nada continha dentro, por ter sido jogado no meio de tantos entulhos, que inclusive não despertava atenção de ninguém.

Por me considerar um sujeito curioso e investigativo, eu queria recolhê-lo e abri-lo; mas na época não dispunha de carro, por tê-lo emprestado a um grupo de estudantes indígenas, hóspedes em minha chácara no município de Aparecida de Goiânia, e que dependiam dele todos os dias para estudar em Goiânia. Nos fins de semana eu ia à Brasília para ministrar cursos a jovens colegas psicólogos.

Um sábado ao viajar para Brasília-DF tomei uma decisão ao voltar domingo à tarde, pediria emprestado o carro de um amigo e professor psicólogo, para juntos levarmos o cofre na chácara dele; e se nada tivesse dentro do cofre, a vergonha seria só minha.

Ao chegar de Brasília, a amiga que veio buscar-me no aeroporto, me deu a notícia que em Goiânia foi descoberto um tesouro. Eu disse a essa amiga: "Felizardo!" Em seguida, perguntei, "Quem o encontrou? Onde o tesouro havia sido encontrado?" A resposta que a amiga me deu foi como um golpe na minha cabeça: "Na rua 212, do bairro Vila Nova, esquina com a praça Botafogo", foi a sua declaração. Era o cofre que até nos meus sonhos o considerava já como meu!

Passei duas semanas me perguntando e sonhando, e nesses sonhos várias vezes minha mãe me questionando: "Filho, por que não pegaste?" A história continua; dias após fui informado que um menino catador de lixo recolheu o cofre no seu carrinho de mão e foi a um depósito de ferro velho, para vendê-lo; o dono do depósito o mandou embora suspeitando que o cofre fosse um objeto contaminado pelo Césio 137 (acidente radioativo). Essa tragédia ocorreu em 1987, deixando muitas sequelas tristes nos moradores da cidade de Goiânia, tanto físicas quanto psicológicas. Devido a essa rejeição do dono do ferro velho, o menino de rua levou o cofre para um chaveiro, no bairro onde foi encontrado. Disseram-me que quando abriram o cofre explodiram de dentro moedas de ouro e joias.

Passei por momentos angustiantes, mas por poucos dias, porque logo esse fato me conduziu para ideias reflexivas que iluminaram e dirigiram as minhas responsabilidades na compreensão de fatos e situações que nos atingem no dia a dia, que compartilho aqui: "Nos entulhos mentais e motivacionais de um doente, na sua demência, nos seus sintomas de delírio, e até no seu desespero, algo de valioso, de interessante e mais significativo pode ser descoberto e revelado". E finalizo com este provérbio latino: "Até na mente de um louco há uma semente de sabedoria".

4

SONHOS: PORÕES E SÓTÃOS DOS DESEJOS

O material onírico não é apenas uma galeria de obras-primas que o artista expõe para que sejam admiradas. Os conteúdos oníricos são como um porão cheio de peças quebradas, de obras não acabadas e esquecidas, onde o artista não as achou perfeitas e dignas do seu nome e da sua reputação.

O sonho, no seu material onírico do noturno, é como um porão, repleto também de possíveis obras de arte desprezadas, negligenciadas, mas que ainda estão na espera de serem expostas por algo de mais interessante e significativo, como possível perfeição a ser definida e recuperada nos seus novos significados, restituindo-lhe a legitimidade de obra-prima.

Certa vez, entrei no porão de um renomado escultor, professor e amigo, em Goiânia, pedindo a ele permissão para apreciar as suas peças no porão da sua casa. Ele me permitiu entrar, e então me chamou atenção uma escultura em bronze representando uma mulher, que na sua fundição apareceram defeitos alterando a forma idealmente projetada; mas eram esses defeitos que davam à referida peça algo de especial, relevante e apreciável; tornando-a símbolo da "Mãe Terra" e do húmus que a cria e a alimenta.

O escultor se surpreendeu e confessou o seu rigor crítico que lhe foi imposto por um sistema *a priori* de regras, sacrificando assim a genialidade autêntica que brota da alma do próprio artista, já que a sua obra de arte mesmo nos seus eventuais e tênues defeitos se torna uma peça consideravelmente criativa.

Os sonhos são porões e sótãos de ideias, de desejos e de projetos de vida, dados ao processo interpretativo, administrado e conduzido pelo próprio sujeito, mas que sua compreensão deve ser devidamente "guiada" por um profissional, capaz de diferenciar e discernir com muita sensibilidade e maestria o que é verdadeiramente Autêntico, do que é decadente na alienação dos sistemas impostos ao sujeito sonhante.

Nos sonhos se processam simbolicamente, mas às vezes explicitamente, aspectos da personalidade, com as suas intencionalidades, ideias e desejos, que podem se revelar na dimensão autêntica do discurso, seja ele latente ou manifesto. E podem ainda se processar nos sonhos, na integridade das suas estruturas psíquicas, o pensar, o sentir, o falar, e o agir.

Nos sonhos se coloca em análise o próprio *Dasein*: o estar no Tempo, o estar no Mundo, o constitutivo da própria identidade na sua autorrepresentação, na sua imagem dada aos outros nas relações de Alteridade e/ou de intimidade nas complexas e conflituosas relações interpessoais.

É possível colher nos sonhos conteúdos sobre as categorias que constituem a Presença do "Tempo vivido" como revelação e duração de um desejo-ação, de um projeto existencial de vida; como também fidelidade e infidelidade com esse projeto, as suas mudanças de rota, seja por perdas de rumo, por necessidades ou mesmo quando por traição.

Nos sonhos é possível alcançar, nas suas origens, pela memória onírica do sujeito sonhante, a ideia constitutiva da sua Presença lançada nas contingências desse espaço mundano e desse "Tempo vivido", momento quando a sua história de vida do próprio sujeito, na sua individualidade penetra construtiva ou destrutivamente na História da humanidade.

Às vezes, pela memória onírica é possível chegar aos mistérios de uma "Mente Divina", fonte Viva, perene, inexaurível de todas as ideias que dão significado ao Todo existente e ao Todo ser que se encarna no humano.

Os sonhos são matéria viva, significante, não apenas dos fatos que ocorreram, que estão acontecendo e que vão acontecer nesse Tempo, mas podem ser revelação do que se passou antes do Tempo (passado) e do advir no seu futuro, podendo ser Profecia.

O tempo na sua Imanência finita apela para uma Transcendência infinita: a Eternidade.

A interpretação dos sonhos é complexa, é uma tarefa que exige antes de tudo sabedoria e depois métodos científicos, teóricos e tecnicamente fundamentados.

Um intérprete de conteúdos oníricos deve ser conduzido e dirigido por uma sensibilidade e uma sábia intuição, mas em um segundo momento também faz uso de teorias e técnicas científicas.

Os seus instrumentos interpretativos se fundamentam, no seu início, por uma "intuição sensível" que lhe garante a capacidade de empatia, mas que também se fundamentam na capacidade transcendente do exercício e vivência de uma Espiritualidade, própria daquele que acredita e vive essa dimensão, característica ontológica de uma personalidade em sintonia constitutiva da tríade "Corpo-Mente-Espírito".

Um profissional aplicado à compreensão dos fenômenos mentais e às suas correlações com o comportamento, mas que se fecha, porém, às manifestações do Espírito, carece de sabedoria; e os resultados de suas interpretações são limitadas à Fenomenologia dualística e dialética do Corpo-Mente, ficando impotente de penetrar nas significativas e misteriosas dimensões da Espiritualidade, da Imanência no Tempo, com a Transcendência na Eternidade.

Nos sonhos nem sempre tudo se torna evidente à consciência; essa evidência, às vezes, brilha em um instante, às vezes, demora como uma aurora boreal na passagem do solstício do inverno para o verão.

A evidência da Verdade nas manifestações oníricas é sempre fruto de reflexão, e de meditação transcendental; a interpretação compreensiva das imagens e símbolos oníricos é possível só quando o sujeito que sonha, e o seu analista, fazem na reflexão desses conteúdos uma meditação, elevando-se na dimensão da Prece, essa irei falar adiante com mais detalhe.

A Prece para Minkowski é o ato e o momento onde e quando reflexão e meditação se fundem, abrindo a mente na dimensão do Espírito a uma experiência indizível, mas que penetra na essência da Verdade, como significado dos acontecimentos.

Eu, autor destas páginas, ao me despedir dos meus pacientes em análise, sugiro três coisas a fazer a cada amanhecer: "Uma Prece ao Altíssimo, um beijo à amada e ao amado, e um sonho a lhe contar no café da manhã". Uma Prece ao Espírito Absoluto para que se torne uma faixa da Sua Luz que ilumina o nosso Espírito, motivando com um beijo à pessoa amada, próxima ou distante, e com um sonho, daquela noite, ou um sonho à luz do dia, de olhos abertos, nas vestes de um Desejo que bate à porta da nossa Esperança.

5

PROCEDIMENTOS PARA A INTERPRETAÇÃO DOS SONHOS

Permitam-me aqui expor algumas estratégias simples, porém eficientes realizadas no registro diário dos sonhos, dados para uma reflexão com o analista (psicoterapeuta) ou para uma autorreflexão dos próprios sonhos. Essas estratégias já foram por mim experienciadas.

Neste itinerário explicito, a você, leitor, os seguintes procedimentos:

1. Ao amanhecer é necessário fixar na memória os sonhos da noite, porque eles se apagam como as estrelas ao nascer do dia.
2. Escrevê-los em um diário ao qual eu daria um título: "O Diário do meu Noturno".
3. Prestar atenção aos mínimos detalhes, porque eles podem ser as chaves que dão evidência às cenas e às temáticas oníricas nos seus significados.
4. Relacionar os sonhos com situações, com eventos de uma história e pessoas da vida real, sejam atores protagonistas ou comparsas com as quais o Eu sonhante tem relações significativas nos diversos campos da experiência.
5. Os sonhos são um dos elementos mais importantes na compreensão de experiências de uma história de vida, dados por dois processos de redução fenomenológica: o significante existentivo, por sua vez reduzido ao significante existencial como também o significante subjetivo, singular reduzido ao significante universal cultural. Esse

último como categoria *a priori* constitutiva da Existência, na dimensão da autenticidade, ou mesmo na inversão decadente, na alienação total da Existência como algo de insignificante.

6. Os significantes em todos os seus níveis interpretativos oferecem as seguintes funções:

a) de aprovação e confirmação do quanto e como vivenciado no diurno;

b) de questionamento dialético-crítico dos fatos reais, propondo alternativas de experiências de vida mais produtivas e em sintonia com a autenticidade, ou como verdadeira identidade do Eu;

c) na "agonia dialética", entre as representações do próprio Eu para si mesmo e para os outros, o verdadeiro Eu nasce, ressuscita da cena onírica, desfazendo-se das máscaras que ele mesmo ou os "outros" lhe impuseram;

d) as máscaras dos outros também se desfazem, seja como máscaras de cordeiros escondendo os lobos ou como máscaras de lobos escondendo cordeiros.

7. Se o Eu não toma as suas decisões, os sonhos funcionam como "vigilantes da Verdade" quando traída, e emitem a ordem de perseguir e punir o Inconsciente e a Consciência do Eu, causando-lhe ansiedade, angústia, e até mesmo "síndrome do pânico", com reações depressivas e fenômenos de dupla personalidade. Não é a Verdade que castiga e pune, mas a Mentira que, paradoxalmente, com a máscara de honestidade a ser descoberta, ela mesma, se denunciada, desfaz-se entregando-se vencida à Verdade.

8. Se o Eu está na espera de uma Profecia, ou a Profecia quer se revelar espontaneamente como mensageira do Futuro, filho da Eternidade, os sonhos se abrem para uma revelação; porém, só se abrem, se o Eu, por sua

vez, se alimenta na Prece, sendo a porta de entrada para penetrar nos mistérios da Eternidade.
9. Sonhos são como capítulos de um livro, são como a trama de uma História, que, às vezes, somente no último capítulo se desvela e se esclarece na sua autenticidade.
10. O Ego do sujeito que sonha muitas vezes é cego e precisa dos olhares de um Alter Ego, mas repleto de empatia e simpatia que o transformam em um Tu, pode ser o seu próprio analista/psicoterapeuta, mas pode ser também um amigo íntimo, um sábio dotado de capacidade para ir às profundezas do inconsciente e também subir nas alturas, onde, nem mesmo as águias ousam pousar (BATESON, 1986), chegando a um lugar onde o distante se torna próximo e o remoto se torna Presente.

Compartilho aqui sonhos que tive e que considerei extremamente significativos para as tomadas de decisões no itinerário da minha vida.

"Me surpreendi andando pelas ruas da minha cidade, Roma, jovens moradores de rua arrancaram as minhas vestes pretas clericais me deixando completamente nu, todos me olhavam, pareciam me conhecer e que também eu conhecia todos e cobria com as minhas mãos a vergonha da minha nudez. Correndo cheguei ao portão do convento, mas o porteiro não queria abrir, dizendo que não me reconhecia, vendo-me sem as minhas vestes; mas uma funcionária da casa reconheceu a minha voz e meus apelos e gritos e pediu ao porteiro que abrisse e me deixasse entrar. Subi correndo as escadas, atravessei salas, percorri corredores, todos assustados por eu estar completamente nu, cochichavam entre si, alguns riam e outros ficavam apreensivos com as mãos na cabeça. Cheguei à porta do meu quarto, entrei, fechei a porta e abri o meu armário onde guardava outras vestes pretas talares; mas o meu espanto maior foi quando ao pegar uma das vestes a mesma se recusou a cobrir o meu corpo e também a segunda e a terceira veste, então tive que assumir a minha Nudez".

Agora, explico aqui a interpretação que tive desse sonho e a decorrente tomada de decisão. Esse sonho para mim o considerei preditor e que justificou a decisão que tomei tempos depois, restitui, com pedidos de desculpas e humildade, as "minhas vestes talares" aos superiores da Ordem, recuperando a minha condição laica e a minha própria independência de consciência, na liberdade civil e na autenticidade, mas não perdendo porém, a minha profunda Fé e respeito na Igreja de Cristo, como Ele mesmo a ordenou e instituiu: no Amor dado ao próximo, e infinitamente grato por vocês, meus superiores da Ordem, terem me elevado aos níveis acadêmicos das ciências humanas: Filosofia, Teologia, e Psicologia.

Deixei a ordem sacerdotal nos seus ritos oficiais celebrados nos altares dos Templos sagrados, por não me sentir digno e capaz de experienciá-los, e de conduzi-los nas suas exigências prescritas; mas permaneci e permaneço ainda hoje vivenciando o sacerdócio nas seguintes dimensões desses dois ditos latinos: *"Sacrum Docere"* e *"Ad Sacrum Ducere"*, indicando: "ensinar o Sagrado" e, com os próprios exemplos, "conduzir ao Sagrado", que nos seus profundos e significativos *eidos*, propõem um Amor Autêntico, Verdadeiro, dado ao povo para além dos seus ritos e cerimoniais religiosos.

Sonhos são capítulos de uma história de vida. Vai então um segundo sonho tanto quanto relevante e expressivo para mim, como reforço das minhas escolhas na vida.

"Sonhei que estava saindo do fundo de um túnel na terra, como quando um feto sai do ventre materno, sozinho, na quase total escuridão; ao chegar ao fim do túnel deparei-me que estava preso como dentro de uma redoma obscura, impedindo-me de sair livre à luz do sol. De punhos fechados tentava arrebentar as paredes da redoma, como se estivesse numa prisão; de repente um touro enorme estava à minha frente com as genitálias em posição erétil, como se quisesse ter comigo uma penetração abusiva do meu corpo. Fui preso por uma angústia estranha, porque tinha que tomar três decisões: ou deixar o touro me possuir, ou ficar preso na redoma ou enfrentar o touro. Nesse sonho foi isso que eu fiz, mobilizado pelo desespero e pela coragem, peguei o touro pelos chifres, parecia que eu era pequeno como o Rei Davi, quando adolescente frente ao gigante Golias; mas de repente o meu corpo se impregnou de uma Energia Vital poderosa. O touro se estremeceu e as suas genitálias quebraram como se fossem de argila; o touro caiu em pedaços e a redoma também; uma intensa luz iluminou o horizonte, e uma grande paz tomou conta do meu coração, nesse sonho, para mim revelador, na Esperança".

Faço aqui agora uma análise no processo dialético dialogante entre o existentivo simbólico dessas concretas imagens oníricas e os seus significantes existenciais:

- O sujeito, no caso eu, como sujeito sonhante, estava renascendo para o meu próprio existir (a saída do túnel do profundo da terra).
- Algo de poderoso e aparentemente onipotente barrava esse renascer (a redoma obscura e o touro de argila).
- Nem sempre o "maior vence o menor" (o gigante Golias e o Rei Davi).
- "A matéria, carne, é frágil", mas o "Espírito" é forte.
- É o Espírito que forma e reforma, dominando a matéria e lhe dando energia.

O existencial simbólico desses existentivos significantes pode se resumir na seguinte definição de acordo com Heidegger (1953): a Presença é a categoria, *a priori*, da Existência, esse é um dever de cada sujeito que é lançado no Tempo e no Mundo; nós, cada um de nós deve se tornar responsável do seu próprio existir e não deixá-lo decair na não autenticidade; mas afirmá-lo e confirmá-lo nessa dimensão ontológica.

Cada sujeito que vem ao mundo responde em primeira pessoa pelos seus atos, da transparência da sua consciência, da intencionalidade na busca pelo seu caminho, na demolição das barreiras, nos enfrentamentos dos obstáculos, assumindo os riscos do "ostracismo" de ser posto às margens, sentenciado e condenado.

A liberdade não é dada de graça, se conquista, se arranca das mãos de quem a detém, e, não apenas a liberdade de ir e vir, mas de pensar, de sentir, de agir e, sobretudo, de tomar as decisões importantes e necessárias ao longo da vida.

Tempos depois, semanas e meses se passaram e tive um terceiro e significativo sonho, como se fosse o último capítulo da minha história de vida, que me foi imposta e condicionada desde a minha infância, ao me tornar um membro de uma Ordem religiosa na Itália. Aos meus 44 anos me reapropriei, em plena consciência, da minha liberdade, conseguindo me desprender de condicionamentos e imposições.

Neste sonho eu estava em Roma, minha cidade natal, acompanhando um grande amigo, Bispo de uma Ordem religiosa.

A magnífica Cúpula de Michelangelo, que coroa a Basílica de São Pedro, bem como o Colunado de Gian Lorenzo Bernini, simbolizando na sua amplidão o acolhimento aos seus visitantes e devotos com os seus braços abertos e o Obelisco que o Papa mandou buscar na África oriental como se fosse propriedade do Vaticano, são grandiosidades arquitetônicas e admiráveis símbolos de um poder Temporal Mundano.

Eu tive a bênção e a honra de ter sido batizado neste Templo Divino: Basílica de São Pedro, segue o relato de mais um sonho.

"De repente o entorno de toda a Basílica escureceu, trovões e relâmpagos tomaram conta do Céu, a Terra tremia, abrindo crateras ao nosso redor; eu e o meu amigo Bispo nos agarramos um ao outro com espanto, medo e temor; um perguntando ao outro o que e porque estava acontecendo aquilo. Como se não bastasse a Cúpula, as Colunas e o Obelisco se ruíram no chão não ficando pedra sobre pedra. Um sentimento de tristeza infinita tomou conta da gente, desamparo e vergonha como se nós também tivéssemos caído no chão em pedaços e por nossa culpa. Fazer o que e ir para onde? Estávamos sozinhos na Praça. Todos os turistas visitantes fugiram, até os devotos peregrinos. De novo nos olhamos, um ao outro e o Bispo, meu superior hierárquico, me chamou, e ordenou de arregaçar as mangas, ir às ruínas e reconstruir, pondo 'pedra sobre pedra'! Imediatamente obedeci sem questionar o esforço imane, acreditando com Fé e Esperança que a Igreja de Cristo, quando demolida, se reconstrói com maior firmeza. Ao pegar com as minhas mãos a primeira grande pedra arruinada, entrei em estado de choque! Surpresa e espanto em sentir que era de isopor. Foi indizível, quando peguei outra pedra também, que era de isopor, outras e outras, e tantas outras, todas de isopor; era um cenário caótico e decepcionante transformando o evento catastrófico de destruição em um espaço cênico teatral. Eu me perguntava, onde estavam as pedras firmes para reconstruir a Verdadeira Igreja de Pedro, Apóstolo de Cristo: em Roma, ou nas Caatingas dos sertões brasileiros construídas com barros e pau a pique? Como consolo falei ao meu amigo Bispo, que não só a Basílica de São Pedro em Roma era capital da Fé Cristã, mas também em outros lugares, onde as igrejas de taipas, nas suas orações diárias, nutrem com Fé e Esperança a fome dos povos e dos itinerantes nordestinos e quilombolas".

As análises dos existentivos simbólicos das imagens oníricas dos meus sonhos me permitiram esclarecer dúvidas e me encorajaram nas tomadas de decisões que foram conscientemente assumidas por mim, protagonista onírico, em relação à escolha de uma Terra-Nação, na vivência de uma autêntica Fé Cristã: se no fasto e no fátuo poder de um direito canônico, ainda imperante, com seus dogmas impostos ou na Fé Cristã vivenciada e dada a serviço dos humildes e itinerantes foliões, que na sua vigorosa e inabalável simplicidade, tornam-se ricos no Espírito do Verdadeiro Evangelho de Cristo, livres na expressão dos seus mitos e ritos.

O protagonista desse sonho não teve mais dúvidas na escolha entre a majestosa Cúpula de Michelangelo e o poderoso Colunado de Bernini, ou morar nas cabanas e casas de taipas, andando nas veredas e Caatingas dos sertões brasileiros, um caminho, que, para mim, tornou-se mais seguro para a Fé não se perder.

A decisão foi tomada: o Brasil, Terra Amada! É a minha segunda Pátria, contudo, ainda não naturalizado; Brasil, Terra que também acolheu as etnias africanas que nós, europeus, em séculos passados, sequestramos da África, sua terra natal, e os seus nativos habitantes exportamos como escravos nas Américas do Norte e do Sul, desprivados e desprovidos da dignidade na sua própria liberdade, mas que hoje por eles com coragem deveria ser reconquistada a qualquer custo, pela *Desobediência Civil*, termo proposto pelo antropólogo, naturalista e poeta Thoreau (1984), o qual me inspirou a formular a seguinte Oração:

Oração à Mãe África:
África, África, África
Mãe África

O que fizemos das tuas terras e dos teus filhos explorados, saqueados, violados, ao longo dos séculos e sacrificados à malícia dos brancos insaciáveis exploradores de ouro, de pedras, de marfim, profanadores de crianças, jovens, e de mulheres; destruidores da nobreza do teu sangue, no teu berço, dado à Humanidade. A tirania dos romanos, fez dos teus filhos escravos e gladiadores para os seus vergonhosos ócios e para os abomináveis espetáculos circenses.

Os clérigos da Idade Média, os artistas da Renascença, os cientistas do Iluminismo se perderam, no culto aos dogmas, na construção dos templos dedicados a uma cega razão e de uma arte destinada à elite dos príncipes ignorando os teus gritos e a tua dor. A modernidade transformou os teus filhos em máquinas humanas para o lucro dos coronéis do norte e do sul. Na pós-modernidade indivíduos perversos da aristocracia branca e seus empresários, não levaram os teus filhos à terra prometida da justiça social; e eles ainda nos dias atuais são fisicamente e moralmente assediados, como objetos de insanos e obscuros desejos de quem ainda tem saudade da escravidão.

Mãe África,
A minha consciência branca te pede perdão! Anos e anos advir não serão suficientes para te restituir a paz, na honra, na liberdade, na igualdade sanando as tuas feridas, enxugando as tuas lágrimas, curando os sagrados dessacralizados corpos aidéticos dos teus filhos, restituindo o sorriso ao teu vulto como um sol que volta a brilhar depois de uma noite, nas suas obscuras trevas.

Desejo a você, Mãe África, mãe de todos nós, que um novo Tempo venha a iluminar o horizonte, quando homens brancos, pardos, pretos, amarelos e indígenas voltarão ao teu berço, para beijar os teus pés e as tuas mãos te pedindo perdão e te pedindo à Bênção.

(Rodolfo Petrelli, 2000)

O consistente, o verdadeiro, o autêntico se esconde como dimensões frágeis, ingênuas, simples, às vezes, diagnosticadas e sentenciadas como: Desrazão.

A verdadeira fortaleza anda desarmada e a beleza no seu encontro não precisa de maquiagem. Como mais abrangente categoria existencial desse cenário onírico, valem muito estas afirmações: "as aparências enganam"; e "é preciso chegar à essência das coisas".

Esse existencial torna, quem por ele se deixa dirigir, a pessoa livre, em todas as suas dimensões e manifestações. Liberdade psicológica, social e ética são potenciais que se tornam instrumentos e ferramentas a serviço não de "ideologias nos seus ideologismos", que acorrentam o corpo e a mente na perda da sua consciência.

Os sonhos são luzes sobre os nossos caminhos indicativos de quando certos e de quando errados; são conselhos e muitas vezes são ordens imperiosas de continuar na rota, ou invertê-la, desobedecendo e transgredindo, mas na dimensão ética, a exemplo da nossa Matriarca: Mãe Eva.

Eva, Mãe Eva!
Mãe de todas as mães
Mãe também
Da mãe de Deus
O Verbo Encarnado
Mãe de todos nós
Filhos e filhas de Adão
Brancos, negros
Vermelhos, amarelos
Fostes por nos traída
Quando te entregamos
À Justiça Divina
Como responsável única
Pela primeira
Desobediência da humanidade
Que decretou
A expulsão do Éden
De todos nós condenados
Ao tremor
À dor
Às lágrimas
De todos os dias a vir
Sim, Eva
Tu desobedeceste
Enfrentaste com Coragem
A ordem Divina:

De não comer da árvore
Da ciência do Bem e do Mal
Mas a transgressão
Foi necessária
O Verbo esperava por isso
Para se tornar "Carne"
Homem entre os homens:
"FELIX CULPA"
Eva!
Tu abriste os nossos olhos!
A Liberdade não é dada de graça
Não é dada por decreto
De reis
De príncipes
De coronéis e
Patrões liberais
A Liberdade se conquista,
Se "arranca" de quem
A deteve e a prendeu
A custo de guerras, lutas
Sacrifícios, martírios;
A custo de sangue,
É o preço da desobediência ética...
Mãe Eva
Símbolo místico e mítico
De todas as mulheres
De ontem, de hoje
Se Adão deu filhos
Para a humanidade,

*Tu deste a estes filhos
A Consciência da Liberdade
Não nos abandonaste ao
Pecado original
Tiraste do pecado todos nós
Pecar é ficar escravos
Na obediência à alienação dos tiranos
Pecar é trair a Liberdade
Em troca de prazeres
Em troca de vaidade
Nascemos no pecado
Tu nos salvaste do pecado
O Verbo, filho da tua filha, a Virgem Maria
Pagou o preço exigido
À Justiça Divina
Mãe Eva
A minha Consciência masculina
Te pede perdão e
Te agradece
Pelo caminho da Liberdade
Que tu indicaste
E que tu abriste para as
Filhas e filhos de Adão.*

(Rodolfo Petrelli, 2000)

6

O SONHO DE VIKTOR FRANKL

A propósito, elaborei um paralelo desse meu último sonho com a representação de uma grande celebridade, com estrutura e ética profissional exemplar e admirável, Viktor Frankl, propositor da Logoterapia e médico neurologista, da cidade de Viena, na Áustria, no tempo do Império Nazista, de etnia judaica; foi diretor de uma clínica-escola, que também foi dirigida por Freud e Adler.

Frankl contou esse seu sonho durante uma palestra em Roma, promovida pela Pontifícia Università Salesiana.

A Segunda Guerra Mundial, como momento histórico do holocausto, na Alemanha, orquestrada por Adolf Hitler, sentenciava e marcava a persecução Nazista contra os Judeus, caçados, expatriados, acorrentados e conduzidos aprisionados aos campos de concentração para serem queimados e exterminados; mas Judeus de renome, dignitários, empresários e cientistas eram convidados a se ampararem nos Estados Unidos, em Londres, na vizinha Grã-Bretanha/Inglaterra, e recebiam o necessário passaporte, dados de graça pelas embaixadas daqueles países em Viena; o psicanalista Sigmund Freud aceitou o convite e se refugiou com a família em Londres.

Agora relato o sonho de Viktor Frankl, que ele mesmo apresentava em suas palestras, como sua identidade ética.

"Era de madrugada, 2 de novembro, no calçadão da grande avenida, na cidade de Viena, ainda estava escuro, a neblina obscurecia e fazia um frio intenso que castigava a todos nós, que estávamos na calçada, na espera de um acontecimento. A calçada era repleta de pessoas, todas diferenciadas pelos altos trajes dignitários sociais: Militares com suas vestimentas nas cores verdes, Juízes com as cores pretas, Médicos com suas cores brancas e os

Prelados com as suas vestes purpurina. De repente, um coro de lamentações vinha dos fundos da avenida, tênue, mas aos poucos aumentando o tom. As lamentações se misturaram com choros e gritos... um fúnebre cortejo de Judeus se destacava, se aproximando na neblina homens, mulheres, jovens, crianças e velhos acorrentados e curvos, como animais destinados ao matadouro. Logo perguntei a um desconhecido cidadão fardado de verde, ao meu lado, quem eram aquelas pessoas, aquele povo, e para onde iam, e porque estavam naquelas condições de perseguidos e condenados. O militar, surpreso com a minha ignorância, respondeu com voz alterada: "como você não sabe quem é este povo amaldiçoado, são Judeus que vão para os campos de concentração!".

O sonho acabou por aí, mas Frankl relatou que ao amanhecer contou para a sua linda e jovem esposa, a enfermeira Tilly Grosser, o que havia sonhado e os dois de comum acordo resolveram queimar os passaportes que tinham recebido da embaixada americana e decidiram ficar em Viena, quando, dias depois, foram presos e encaminhados para dois campos de concentração, ele em Auschwitz, e a sua esposa para Dachau. Ela faleceu por esgotamento e sequelas dos maus tratos sofridos e Frankl sobreviveu e ajudou muitos dos seus companheiros também na sobrevivência, ensinando-lhes com o próprio exemplo a resistir à violência pela Fé e Esperança na Vida.

Frankl (1972) nos ensinou que tudo que acontece tem significado, tem valor, até o mal, até o pecado; "Felix Culpa" escreveu o apóstolo Paulo na carta aos Romanos; Frankl tornou-se o teórico e o mestre da Logoterapia: descobrir, encontrar, ensinar e dar sentido aos eventos da vida.

Esse sonho revelou a Frankl algo de muito importante: ele se perguntou no silêncio da sua Consciência, porque ele, judeu, estava na calçada e o seu povo na avenida? Dilema do seu Eu! Ao amanhecer Frankl deu-se uma resposta: "desceu da calçada com a sua esposa e entrou na avenida", ambos solidários com o seu povo até a morte, para vencê-la.

O sonho de Frankl revelou para mim o significado que eu tinha que dar à minha profissão de Psicólogo: me "sentir parte", membro do corpo dos meus povos, e andar com eles até os limites da perdição, mas, de lá, reconduzi-los às suas "Terras Prometidas".

Os sonhos são matérias-primas para a Psicologia, em todas as suas abordagens teórico-práticas de atuação e na condução assertiva de um processo psicodiagnóstico nas suas dimensões "fenomênicas-existentivas-existenciais". Destaco aqui algumas abordagens conhecidas da Psicologia:

- Cognitivo Comportamental;
- Psicanalítica Freudiana e Lacaniana;
- Gestalt-terapia;
- Psicodrama;
- Logoterapia na Análise Existencial de Viktor Frankl.

Um analista intérprete dos sonhos deve ter uma formação humanística, holística, multidisciplinar e ampla, a exemplo destes grandes psicólogos: Freud, Minkowski, Binswanger, Jung, Franco Basaglia, Rollo May, Erving Goffman e tantos outros.

7

A INTERPRETAÇÃO DOS SONHOS NA ABORDAGEM FENOMÊNICO EXISTENCIAL

A Fenomenologia dos seguintes pensadores, os filósofos Husserl e Heidegger, e dos psiquiatras Eugène Minkowski e Binswanger, torna-se um método eletivo para a compreensão profunda dos "eventos do Espírito", nomenclatura por eles denominada.

Os psiquiatras Binswanger e Minkowski, nas suas ideações epistemológicas, repartiram as ciências em duas regiões fenomênicas: as ciências da Natureza e as ciências do Espírito, cada uma com os seus métodos investigativos e compreensivos dos eventos e fatos que mobilizam a experiência humana.

A Fenomenologia é a linha teórica e metodológica diretiva que subsidia a compreensão dos eventos do Espírito; os sonhos, como fenômenos psicológicos entram nessa região; contudo, não excluem, para uma compreensão diferenciada, as contribuições das ciências da Natureza.

O Cérebro-*Soma*, Mente-*Psique*, nas suas funções e dinamismos corpóreos e mentais são manifestações da Natureza; as ciências dessa região ontológica, como a Psiquiatria e a Neurologias e combinam com a Psicologia, definida como Neuropsicologia, colaborando significativamente na compreensão dos sonhos.

Sonhos são fenômenos, evidentemente complexos, como são os efeitos das funções cerebrais; mas o próprio método Fenomenológico consiste e se ocupa de compreender a representação e a apresentação desses objetos e eventos nas suas combinações fatuais e reais da vida.

Os eventos oníricos se apresentam como experiências do sujeito, ainda inconscientes, mas que apelam para uma consciência plena dos conteúdos vivenciados em sonhos.

O método fenomenológico impõe uma disciplina: o respeito para com a Natureza do evento, e isso ocorre quando o profissional experiente suspende o seu juízo *a priori*, tanto sistêmico-teórico quanto provindo da sua própria visão de mundo e dos seus valores, com convencidas afirmações, tanto para si mesmo quanto para o seu paciente.

Sugiro a seguinte afirmação aos psicoterapeutas: "não interprete imediatamente, deixe o fenômeno vivenciado se desvelar nos seus contínuos e dialéticos processos do certo e do errado, do verdadeiro e do falso".

Nesse momento, a Fenomenologia sugere ao psicoterapeuta — analista dos sonhos — o exercício da empatia, como a capacidade de assumir formas e performances mentais perceptivas, ideativas, afetivas e conativas em sintonia com o outro-sujeito sonhante.

A Fenomenologia é uma ciência descritiva, valorativa das diferenças e não apenas comparativa, seletiva e diretiva na escolha do melhor modo de ser, estar e fazer, na condução de seus projetos e desejos e no itinerário de cada um na sua própria história de vida e no seu estar no mundo.

O momento comparativo, quando e se for necessário, intenciona a evidenciar as diferenças e não a julgá-las e condená-las por um *a priori* nas escalas de valores exaltando uns e desvalorizando outros.

A peculiaridade do método fenomenológico depois da respeitosa postura da mente frente aos fenômenos é dada por um procedimento analítico compreensivo, denominado pelo termo: Redução.

A Redução Fenomenológica pode ser apresentada pelos seguintes itinerários e imaginários simbólicos:

- ir às profundezas;
- penetrar no mistério;
- desvelar o desconhecido;
- compreender significados;
- evidenciar estruturas constituídas e constituintes, objetos e eventos, fatos e fenômenos da Natureza e da mente nas suas singularidades culturais e históricas.

Os sonhos são eventos do Espírito, são histórias da Existência do Espírito vivente e encarnado em uma pessoa, mas também são eventos da História da humanidade, que se apresentam em duas regiões de significado: uma na singularidade de uma história única, e outra na dimensão da história universal.

Abusando de uma terminologia técnico-filosófica de Heidegger (1953), a primeira região pode ser também denominada com o termo existentivo e a segunda região com o termo existencial, como já mencionado.

O existentivo, na sua essência, tem algo de concreto e único vivenciado pelo próprio sujeito e de significante interesse a ele mesmo como protagonista do sonho, com sua história de vida, seus conflitos e problemas, suas dúvidas em tomadas de decisões, em relação à compreensão dos acontecimentos, esses, às vezes, misteriosos, proféticos, mas que, se revelados e desvelados, tornam-se luzes no fim do túnel, amanheceres luminosos que desfazem a escuridão das noites.

O existencial é um significante universal, é a última abrangente categoria constitutiva da humana existência, que a define ontologicamente e a caracteriza como essência única entre os inúmeros seres existentes no Universo.

A relação entre o existentivo singular e o existencial universal é reciprocamente esclarecedora.

O universal se revela ao singular individual na sua consistência ontológica, e o existentivo singular, na sua concretude sensível, percebível, experiencial se revela ao existencial.

O existentivo é a palavra de ordem dada para toda a instintualidade do corpo, nas suas exigências e necessidades primárias ofensivas e defensivas, tornando-se, porém, projeto-ação da intencionalidade existencial, contudo, o existencial também pode ser palavra de ordem na dimensão construtiva ou destrutiva, da verdade ou da mentira, do ódio ou do amor, da paz ou da guerra.

O amor na sua dimensão construtiva, ética e universal é um existencial, mas na sua dimensão concreta existentiva se manifesta no amor dado ao próximo, à família, à comunidade e a quem nela convive e até mesmo aos rejeitados e marginalizados, fazendo assim o uso da Verdade na sua Justiça, que exige constantes reformas em suas leis e até mesmo contestações.

8

POSTURAS METODOLÓGICAS E TÉCNICAS DO ANALISTA DOS SONHOS

O analisando é o próprio sujeito autor, ator e protagonista do seu próprio drama, na sua história de vida; mas quando ele não dispõe dessa capacidade de autoanálise, deve procurar um guia, um analista, um psicoterapeuta, desde que, porém, seja uma pessoa sábia, experiente, e que saiba encontrar na dimensão reflexiva da sua espiritualidade uma luz plena.

O analista intérprete não deve se posicionar como o protagonista do sonho; mas deve conduzi-lo e lhe ensinar a arte de interpretá-lo, a qual sempre exige, contudo, disciplina aplicada a uma criteriosa memorização e registro autêntico dos conteúdos oníricos com suas imagens e linguagens reais e concretas, até mesmo em suas aparentes confabulações e contaminações.

Ao amanhecer é preciso lembrá-los, reevocá-los com um esforço da memória, e documentá-los por escrito, em um diário exclusivo, como já exposto, registrando inclusive seus itinerários dramáticos, temáticos, nas suas tramas de personagens e cenas, nos seus mínimos detalhes, os quais muitas vezes são as chaves das interpretações oníricas.

O profissional deve penetrar na história de vida do analisando, propondo uma regressão e um retorno anamnésico às suas origens, tanto próprias quanto do seu núcleo familiar genealógico atual ou distante nas suas gerações.

Histórias de vida não são apenas uma sucessão de fatos no decorrer do tempo, mas são relatos importantíssimos de como eles foram e são vivenciados e experienciados no dia a dia.

O profissional deve colocar entre parêntese a sua história de vida e penetrar como um espectador no discurso e comportamento do seu analisando, como descrevo a seguir no sonho de um paciente que acompanhei.

"Um homem monstruoso, a cada noite, entra no meu quarto vestido com uma capa preta, com botas horríveis e barrentas; me descobre, me despe e arranca meu short, tampa a minha boca com uma das suas mãos enormes e com a outra mão vira o meu corpo, enfia o seu pênis no meu bumbum, não consigo gritar, nem chorar, me recolhendo em mim mesmo, como se eu fosse um verme ferido e transpassado".

O paciente contou esse sonho a um psiquiatra também psicanalista que sentenciou esse sonho de um abuso sexual sofrido na infância pela figura paterna como uma derrota edípica, e que ele ficaria definitivamente condenado à homossexualidade, interpretação essa equivocada.

Foi por essa razão que o analisando me procurou em pânico e confuso, pelo parecer diagnóstico dado pelo psiquiatra, sentenciando-o como efeito do complexo de Édipo, e ainda preocupado com esse "diagnóstico", essa definição, pois mantinha um relacionamento amoroso com sua namorada, e estavam próximos ao casamento. O paciente imaginava na sua aflição a decepção da sua parceira se viesse a descobrir o motivo daquele seu sofrimento, e em decorrência disso temia haver um rompimento do vínculo, causando assim a separação deles, por decisão de sua noiva.

Esse meu paciente era um jovem médico de elevada competência profissional, um pesquisador estudioso e participava com frequência de congressos na área médica; mas quando, porém, nesses eventos era solicitado a expor em público as suas ideias e teses, sempre dispensava os convites, porque nessas situações era acometido de uma gagueira sintomática que o limitava como palestrante. Essa possibilidade de ter uma gagueira em público, para ele, era insuportável ao imaginar que alguém do auditório poderia rir da sua gagueira; para ele seria vergonhoso, atingiria sua autoestima e seu prestígio como médico.

Propus ao paciente, em análise, uma sessão anamnésica na qual ele me relatasse a história da sua infância. O relato da sua história foi um momento importantíssimo por ter sido a chave da interpretação compreensiva daquele sonho. A seguir o relato da sua história de vida desde sua infância até a adolescência.

"Quando meu pai chegava à noite da fazenda, bêbedo, encapuzado em um manto preto me chamava gritando para eu tirar as botas molhadas sujas de lama; ele sentado no sofá de madeira tossindo, cuspindo, esbravejando porque eu não conseguia tirar as botas, meu pai me chutava com raiva e com força, e eu, pequeno, magrinho era jogado na parede em frente como se fosse uma bola de pano; e a minha mãe corria implorando misericórdia por mim."

Como de costume, apliquei ao analisando o teste de Hermann Rorschach, por ser minha referência na área da Psicologia Diagnóstica em perspectiva Fenomenomênico Existencial, sem entrar em detalhes sobre a interpretação do teste desse paciente, me chamaram atenção duas percepções projetivas, às quais relato aqui.

Em uma das pranchas ele percebeu "um enorme pênis e duas botas sujas" e em um segundo momento, em outra prancha, percebeu "um pau abrindo um buraco na terra" e "uma fenda se abrindo e tudo desmoronando", e, nesse momento, o comportamento dele foi de levar as mãos até a cabeça e um semblante de tristeza tomou conta do seu rosto.

O pênis, percebido na simbologia arquetípica do teste Rorschach, como o meu paciente percebeu, comunica e declara o poder de um indivíduo sobre o outro, em uma relação a dois, mas também nas relações de grupo, na dialética potência prepotência *versus* impotência.

A antropologia cultural, no estudo dos símbolos, é área importante e de grande interesse na arte de interpretar. O poder sobre o outro está também presente no mundo animal; quando um macaco chefe do bando expõe o seu pênis ao outro, ou ao grupo inteiro, não manifesta só desejos libidinosos, mas com mais frequência, a supremacia do seu poder.

Na luta pelo poder, entre os macacos machos, quem prevê ser vencido tem como ordem da Natureza, na sua própria filogênese, render-se ao vencedor, como perdedor, mas não como morto. Os macacos velhos, os perdedores, e os doentes, são ainda úteis à sobrevivência do grupo, porque se prestam como agrado à fome dos predadores.

O macaco derrotado, como submissão declarada, faz também um gesto obsceno, que é oferecer sua bunda para o vencedor, ficando essa disponível para um possível coito anal.

Esse sinal declarado pelo macaco perdedor faz com que o vencedor passe por uma mudança hormonal fisiológica, quando a taxa de adrenalina desce em nível da noradrenalina, diminuindo aos poucos a sua agressividade; mas o seu pênis, como ganhador, dispara ereto para todo o bando ver quem ganhou; contudo, o macaco vencedor não realiza o coito. Pênis ereto indica quem é o rei do bando; e o macaco perdedor será acometido de uma humilhante impotência, não apenas fisiológica sexual, genital, mas social, perdendo o poder no grupo e sendo relegado às margens do bando.

Essa primitiva encenação psico-sócio-dramática ficou gravada no paleocéfalo de sub-humanos e de humanos pré-históricos antigos e modernos, que alimenta, não apenas conteúdos oníricos, mas também gestuais, culturais, arquitetônicos, instrumentais e ornamentais, como na nossa realidade histórica, atual, quando manifesta o dedo médio exposto e ereto, os cetros e os báculos dos reis, os obeliscos como monumentos artísticos e as rústicas construções piramidais em terras desérticas indicam a presença de um Senhor Poderoso, dono das mesmas.

Essas construções são representações e transformações simbólicas da autoridade e da soberania de um poder prepotente.

O ato coital, passivamente sofrido pelo protagonista desse sonho, de fato indicava e significava de um lado, um *patria potes-*

tas, na sua masculinidade, violento, agressivo, demolidor, e de outro lado, uma fragilidade e uma inferioridade indefesa, pisoteada, "com pernas e pés poderosos", provocando no paciente uma possível e delirante impotência sexual.

Relembrando a seguir a fala do sujeito na interpretação do teste, justifica o seu pânico e a sua inferioridade frente à prepotência paterna: "pênis enorme, botas sujas, pau abrindo um buraco na terra e tudo desmoronando".

Essas verbalizações do paciente são elementos de um imaginário perceptivo que elaboraram no seu inconsciente experiências e sentimentos traumáticos do abuso violento sofrido, não genital, mas psicológico e moral, por parte de um pai obscuro "encapuzado com o seu manto preto".

Esses elementos simbólicos de prepotência, de invasão da liberdade, da dignidade regrediram o sujeito a uma imaginária encenação aterrorizadora incestuosa entre pai e filho.

Na interpretação significativa dos sonhos, para se obter dados mais assertivos, e se chegar a uma profunda compreensão deles, deve-se ampliar e articular as hipóteses teóricas e científicas disponíveis; mas tratando-se de casos similares, exige-se que se tenha acesso aos conhecimentos das diversidades culturais, regionais, nacionais e continentais e universais.

8.1 Formação e atributos do analista dos sonhos

Deve ser uma pessoa de profunda vida interior que medita e reflete sobre os acontecimentos do dia, de seus interesses e de interesse para os outros, seus pacientes e para a humanidade, perseverando na busca da Verdade e nas suas falsificações, mascarando a Verdade com as máscaras da mentira.

O psicólogo analista deve misticamente se sentir membro elemento-parte de um todo existente, e responsável por tudo que acontece. A sua consciência é dada como uma momentânea consciência ao seu analisando, para que ele possa aprender a ter consciência de si e de tudo que acontece de significante ao seu entorno, no mundo externo e no seu mundo interno, no íntimo e no profundo da sua consciência.

Isso é uma postura de empatia em sintonia com a consciência do outro, não apenas para compreendê-lo, mas para torná-lo consciente de si, dando-lhe capacidade de autonomia nos processos de compreensão de si e dos outros, dos fatos e dos eventos da sua história de vida e como conduzi-los com competência.

Por meio dessa relação empática, o psicólogo analista é capaz de tornar consciente o seu analisando, na compreensão da sua própria história para que ele possa ser autor das suas decisões e escolhas, libertando-se da alienação como "ator passivo" da história dos outros.

É muito importante também que o analista dos sonhos tenha uma formação em Antropologia, com conhecimentos do homem nas suas regiões climático-geográficas e nas suas configurações histórico-culturais, como a exemplo dos grandes mestres analistas Freud e Jung, especialmente esse último.

A memória, no inconsciente de cada um de nós, perde-se como resíduo de experiências remotas nos primórdios da História da Humanidade, e se perde também como herança genética de gerações antecedentes; porém, essas ficam latentes e atuantes sendo passíveis de virem à luz da consciência.

O nosso paleocéfalo é a sede-arquivo do inconsciente, tanto de vidas passadas, de antecedentes remotos e recentes, quanto do nosso inconsciente. Os sonhos são os lugares de fuga desses conteúdos; a atividade onírica é uma válvula de escape, uma catarse, em um momento da História na qual a nossa história do sujeito é apenas um capítulo.

O psicoterapeuta, que se propõe analisar sonhos, deve situar a história do seu analisando em uma História maior, na qual ele (analisando) é parte significante no linear do tempo: passado--presente-futuro, porque histórias sempre devem e podem ser reconfiguradas e transformadas para o melhor.

HISTORIA MAGISTRA VITAE: A HISTÓRIA NOS ENSINA A VIVER

Nos sonhos, as máscaras do Eu e dos outros caem, as relações vivem os momentos da face a face, a autenticidade do outro também é revelada para que o Eu e o Tu se constituam, se afirmem e se confirmem em uma dualidade como em um mistério, dimensão mística de "dois em um" e de "um em dois", no indivisível mistério de uma substancial unidade de duas diversidades que superam a confusão da dupla personalidade, típica de graves quadros patológicos, nos seus processos dissociativos.

Nos estados oníricos e nos seus dilemas o Eu tem acesso a uma experiência quase mediúnica, que eu denomino como transcendente profética, a ser aqui entendida como o ponto médio de encontro e de diálogo entre a dimensão imanente e a mais elevada, a dimensão transcendente da Existência.

A finitude do mundo, no seu concreto existente que nos acolhe, nos limites do tempo na sua imanência, nos abre para a Eternidade, em que não há mais limites, pela sua Infinitude cósmica; a experiência transcendente profética significa estar nesse ponto de encontro da finitude com a Infinitude, vivenciá-lo como fim de um tempo e início de um fora do tempo, como uma antecipação do todo existente para o início e um retorno a um Eterno Essente Preexistente, de onde todos nós viemos.

O nosso Eu teve um "eterno início", na Mente do Divino Essente Benevolente, e na analítica do tempo vivido, o tempo finito que nos foi dado como um "decreto", como responsabilidade e possibilidade de um poder fazer e viver, escrevendo ao final uma história pessoal como página de uma História universal da humanidade.

Nesse tempo que nos foi dado, o nosso Eu evolui pessoalmente, socialmente, espiritualmente a cada dia na Espera-Esperança de uma "vitória final"; o mérito dessa vitória está na realização das ideias-identidade e das obras construídas e deixadas como *Matéria e Memória* pelo próprio sujeito (BERGSON,1999).

Na abordagem Fenomênico Existencial do tempo vivido pela experiência onírica-crítica ocorre um questionamento dialético:

- Desejos: expressivos de valores na trilogia: estético-poéticos, éticos e religiosos;
- Espera: que anuncia o momento certo, na duração do tempo para realizar os desejos;
- Ação: como energia vital que se transforma em força de vontade, na consciência e na intencionalidade da transformação dos desejos em obras expressivas da fidelidade e coerência da identidade ideal do Eu;
- Esperança: nos momentos oníricos, uma "sabedoria transcendente" mostra e indica caminhos de como vencer obstáculos, superar dificuldades e com coragem prosseguir, melhorando e escolhendo caminhos alternativos, e até enfrentando, se necessário, a punição dos gestores do poder e a incompreensão de uma maioria normótica e medíocre;
- Ação Ética: nesse momento o tribunal dos sonhos questiona o Eu e as suas responsabilidades na humanização espiritual da humanidade no decorrer da sua história filogenética cultural, em sintonia com Minkowski (1961).

É ética cada ação, cada empreendimento, cada obra que torna a humanidade melhor, nas suas dimensões concretas e históricas existentivas e que faz do outro que está ao lado se libertar do seu aprisionamento, da sua impotência e da sua própria ignorância, resgatando-o da sua pobreza material e psicológica.

Na dimensão ética e transcendente da concretude factual e real, os sonhos são momentos misteriosos, onde e quando a "profecia é anunciada", como algo advir de mais significativo no futuro próximo ou distante.

A profecia pertence à Eternidade, é o tempo presente lançado aos fins dos tempos, quando o presente se lança no futuro e de lá o torna puro passado como prospecção e retrospecção que se coincidem e se fundem em um mesmo olhar; a profecia é um olhar transcendente: "olhar retrospectivamente para a frente", foram palavras escritas no muro de Berlin quando essa cidade se libertou da invasão soviética.

Profecia é olhar o presente com a luz do futuro, tornando "presente, o futuro". A profecia alimenta a Esperança porque motiva o presente a sempre evoluir, e buscar algo de melhor, na incansável saga da perfeição desejada aos limites da finitude do ser.

Nos momentos oníricos algumas pessoas privilegiadas, como os profetas, são lançadas em outra dimensão possível da Existência, rompendo com o limitado e finito imaginário antropomórfico, e alcançando outras dimensões, na sua transcendência.

A Presença não é apenas corpórea, mas se manifesta com sensações, sentimentos, emoções e desejos como se o nosso coração e a nossa mente fossem expostos à contemplação e à escuta do inimaginável, do inefável, do indizível, como diria, Merleau-Ponty (1969); nesses momentos sublimes há um diálogo com o Absoluto Preexistente, como foi sugerido pelo filósofo Hegel; já revelado por Cristo, Profeta de todos os profetas, Verbo-Palavra-Divina encarnada e reveladora de uma Presença dialogante amorosa paterna, que compreende, perdoa e salva a nossa temporária finitude, transformando-nos em criaturas com mentes criadoras, ao entregar o Universo em nossas mãos.

Historia Magistra Vitae, dito latino de grande significado compreensivo no profundo de um ente existente, da vida como verdadeira mestra na história de uma pessoa, de uma nação, de uma ideia e também de uma ideologia.

Muitas vezes os sonhos são apenas fragmentos, momentos dessa história de vida, das suas ideias e dos seus ideais, mas quando ignorada, esquecida ou negada como algo de significante, atormenta o inconsciente e a consciência de cada um na sua subjetividade e identidade. Nós devemos ser artífices da nossa própria história com plena consciência e responsabilidade nos caminhos da verdade e na sua autenticidade.

Nos sonhos o Eu quer se conhecer como verdadeiro e autêntico, mas pode também ser traído, por si mesmo, ficando alienado às suas próprias mentiras, por um poder diabólico.

Os sonhos são espelhos em que o Eu se conhece e se reconhece, mas são também espelhos do Alter Ego, do seu Tu, seja quando a relação é sincera ou quando essa relação de amizade é revestida da mentira como máscara na sua malícia, segundo McCully (1980).

Os povos antigos do Oriente e do Ocidente greco-romanos acreditavam nos sonhos como se fossem mensageiros da verdade escondida nos mistérios da vontade dos deuses.

O Espírito penetra no "tudo que já é", e no presente imaginado "já como futuro", como ilustrado nesse fragmento de sonho a seguir:

"De repente o meu corpo se desfez e tudo que estava ao meu redor precipitou em uma intensa escuridão. Tentava tocar as coisas com as minhas mãos, mas eu não tinha mais as mãos e a sensação era de um grande vazio, apenas consciência do nada existente, consciência pura de mim, nem coisas, nem vozes. Escuridão, vazio, silêncio, mas consciência de tudo isso! Sensação consciente do mistério absoluto, nem do medo, nem da angústia, nem do pânico; mas só intensas expectativas. De repente, como se estivesse participando de um segundo ato de um drama, a escuridão se desfez quase que me levando com uma ventania à Luz, e uma Voz me chamando para um encontro, e aos poucos, ao me aproximar a essa Voz na não corporeidade, uma Paz imensa tomou conta de mim; mas o encontro não se realizou e como terceiro ato a consciência voltou à Luz e as coisas desse mundo retomando ao meu corpo e ao meu sonho."

São frequentes os relatos de pessoas em situações terminais superadas no ponto mais crítico, entre a vida e a morte, e com retorno à vida, descreverem esses momentos de passagem: como um corpo sem vida estendido imóvel e cadavérico no leito de um hospital e como um corpo sem matéria se desprendendo do seu espírito, levitando, deixando o corpo-matéria inanimado em *bono* (puro potencial do bem), como alguém que voltou à vida e teve a sensação-experiência do corpo-matéria se revitalizando no abrir dos olhos, às vezes, com um sorriso nos lábios, às vezes, com um sinal de tristeza. A explicação dessas experiências ainda são mistérios indizíveis.

Nos sonhos essas experiências de passagens são frequentes, contudo com frequência passam despercebidas ou escapam à consciência ao seu despertar, no amanhecer.

Analistas com formações positivistas relegam isso a um imaginário delirante, mas os físicos quânticos estão mais convencidos que Tempo e Espaço não se prendem na compreensão das leis da nossa física clássica e tendem a aceitar uma realidade na qual a matéria é uma manifestação da energia, mas essa energia em seu último quesito apela para a Presença de algo ou de Alguém que a transcende como *a priori* ontológico, o Espírito Absoluto Essente, do qual nós todos no planeta Terra e o Cosmo na sua Infinitude somos como afirmava o filósofo Hegel (1973): faíscas do Seu brilho.

Os sonhos não são apenas tribunais como já dito, onde personagens com os seus variados nomes disputam o domínio do Eu; também não são fóruns de audiências em contenciosas relações interpessoais na administração de interesses íntimos ou sociais nos âmbitos familiares, organizacionais e institucionais, eles são atos de um drama que às vezes se passam na encenação de um instante e, às vezes, na sequência de cenas distantes no tempo, mas tematicamente conexas.

Os conteúdos oníricos acompanham interpretando e reinterpretando as experiências de vida da pessoa nos seus projetos existenciais, pessoais, sociais, nas suas dificuldades, nos seus conflitos e nas decisões a serem tomadas.

"Eu era um burro, mas tinha consciência de ser gente no corpo de um burro puxando uma carroça carregada de gente; andava com fadiga tropeçando por uma estrada impérvia, que em um momento subia, e em outro, descia, cheia de pedras, de buracos, de mato, atropelando os caminhos da carroça. Em cima da carroça, havia muita gente em festa, bebendo cerveja, tocando violão, cantando; alguém em cima da carroça me chicoteando, me xingando com palavrões, mas porque esse povo não descia da carroça e andava por conta, limpando o caminho e me ajudando a andar? Pensava eu, sou burro ou sou gente? Eu me perguntava; me dividi em dois, eu, gente, e o burro, que era eu. Eu olhava o burro, e ele me olhava, me pedindo para soltá-lo, ao final éramos nós dois a mesma "coisa"; mandei o burro parar, tirei os arreios dele e deixamos o povo festeiro na carroça, e nos mandamos".

Ao refletir sobre esse sonho, a pessoa no mesmo dia mandou todo mundo ao seu redor, parentes e amigos, cada um, cuidar da sua vida, e disse: "chega de exploração", concluiu em sua consciência.

O analista deve, entre as suas competências teóricas, ter conhecimentos sobre a simbologia, especialmente do mundo animal e de seus significados não apenas culturais, mas também pessoais, dados a esses conteúdos simbólicos: sapo para uns é algo de nojento para outras é um ser inocente da natureza. Noite também é algo simbólico, representa eventos assombrosos, tenebrosos e ameaçadores e eventos que trazem paz, paradoxalmente luz e quietude na compreensão dos mistérios.

Cada nome dado às coisas tem um significado não apenas dentro de um contexto cultural histórico, mas nas histórias de vida de cada sujeito.

"Sangue, sangue!", exclamando com entusiasmo uma cirurgiã plástica, que eu atendi em consultório, lembrando-se de um sonho que teve depois uma cirurgia bem-sucedida. O nome sangue aqui representado: "está vivo, vermelho, brilhando na minha mão!". Acrescentou em seguida, indica esperança e sucesso, vitória na sua profissão!

"Um campo de batalha" foi o relato de um paciente, como conteúdos constantes em seus sonhos, "fuzis no chão, espadas quebradas, corpos espalhados em poças de sangue e sujo de lodo". Sangue sujo de lodo indicava uma morte vergonhosa, efeito de uma derrota na luta pela vida. Essa pessoa na vida real foi traída, pela concorrência desleal de pessoas que considerava amigos fiéis. Foi ferida pela traição, sendo a traição a "sujeira e o lodo", o "sangue" como símbolo da ferida cruel da traição, e por isso não tinha mais forças para enfrentar a vida, e nem as armas para lutar em sua defesa, que eram os "fuzis no chão".

"Uma espada penetrando no meu ventre", foi o sonho recorrente de uma jovem, por mim acompanhada em psicoterapia, constrangida à prostituição para sustentar e cuidar de seus pais doentes; durante o dia cuidava dos pais necessitados e a noite, ao sair, falava para eles que ia trabalhar em um hotel, mas que de fato era uma casa de prostituição.

A "espada" como objeto onírico para um feminino significava uma ofensa e uma violência masculina na dimensão afetiva e amorosa e "ventre" como lugar e símbolo de um sagrado materno feminino, na sua pura essência ética, como berço da vida.

O termo espada pode ter outros significados: "uma espada fincada em uma rocha!", foi o conteúdo onírico de um jovem paciente que se estava lançando em um empreendimento de risco, promissor de bons resultados e vantagens para si e para a comunidade.

A "espada" símbolo de força, coragem na luta, que rompe até pedras, a "rocha" que também é dura e resiste nos avanços dos caminhos, desfazendo barreiras, obstáculos e vencendo batalhas nas lutas da vida é um símbolo indicando coragem, persistência mesmo diante das incompreensões e das adversidades. Esse jovem empreendedor se tornou um grande empresário de sucesso.

Sonhos são momentos da experiência da humana existência e são complexos nas suas diversas manifestações, por vezes até confusas, mas com significâncias abrangentes na duração do tempo e nas suas relevantes conexões entre passado, presente e futuro; um futuro, porém, que transcende o tempo finito e se projeta na Eternidade, onde e quando o que vai acontecer no sonho já pode estar acontecendo, porque na Eternidade o tempo, nas suas três dimensões, se condensa e se conecta em instantes.

Nos sonhos as múltiplas dimensões da Existência se concentram no instante. O momento onírico é uma fusão de dimensões tanto na expansão horizontal, na sua Imanência, quanto na expansão vertical, abrindo-se na Transcendência do tempo Infinito, na Eternidade.

10

A EXISTÊNCIA PRECISA DE DECOLAGEM: DA IMANÊNCIA PARA A TRANSCENDÊNCIA NA DIMENSÃO DA PRECE

As histórias de vida dos sujeitos, quando aprisionadas e internalizadas nas suas próprias formatações experienciais, existentivas e específicas nas suas singularidades subjetivas, apelam sempre para sua compreensão na elevação e na Transcendência, do seu próprio e diferenciado mundo cultural-universal, mas também na sua dimensão existencial.

Cada cultura, até mesmo as consideradas primitivas, tem a sua própria filosofia de vida, que se inspira na dimensão do Absoluto Espírito Essente.

A motivo disso a Fenomenologia, como método interpretativo, e por mim recomendada como instrumento investigativo e compreensivo, exige, como primeira medida, o máximo controle sobre as mobilizações do sentir profundo do inconsciente do próprio analista que interpreta, evitando possíveis contaminações interpretativas, quando elas se cruzam com os dados do inconsciente do analisando.

A Fenomenologia denomina esse procedimento com o termo *skepsi* (grego) significando suspensão, retenção, garantindo assim a compreensão empática na interpretação das imagens e das temáticas oníricas do analisando.

Eugène Minkowski (1961) na sua filosofia de como conduzir o tempo dado à nossa responsabilidade, em sua obra *Le temps vécu*, posiciona os desejos como dinamismos ontológicos do ser humano, como *élan vital*, conforme Bergson (1999), sendo a energia vital que dá continuidade na duração e na sua condução do tempo vivido.

Os desejos são expressivos do *élan vital,* contudo, e com frequência, relegados no inconsciente como desejos traídos, perdidos, inconsistentes, sofrendo alterações nos seus formatos genuínos e ideais, e se projetando como um reflexo de luz como um caleidoscópio.

Desejos são ideias, são constitutivos de uma identidade autêntica, expressivos do Eu originário, e são originais também nos seus potenciais criativos.

Na experiência onírica, os desejos se revelam confortando o Eu, mas às vezes exortando esse Eu, estimulando-o a ter mais coragem em realizá-los; e ainda também às vezes julgando-o, por tê-los traídos.

Esses dramas do Eu se revelam ou se desvelam nos sonhos declarando a relação do Eu com os Outros, e com apenas um Outro escolhido por ele, a ser o seu Tu.

A honestidade dessa relação decai nos conflitos com a identidade do Outro, na sua verdadeira face, ou quando ela se camufla no uso das máscaras para as suas operações de simulação e dissimulação.

Seguem agora outros sonhos, herança dos meus atendimentos clínicos, em consequências dos quais, na vida vivida, decisões importantes foram tomadas pelos sujeitos sonhantes.

Este sonho foi relatado por uma paciente em crise conjugal, que foi narrado por ela depois de algumas sessões de psicoterapia. Em uma dessas sessões lhe foi aplicado o teste Rorschach. A queixa dessa mulher, que me procurou muito descompensada para atendimento, tratava-se da traição do marido, depois de 20 anos de matrimônio.

"Sonhei que, como de costume todos os dias, pela manhã, eu estava arrumando o nosso quarto de casal querendo trocar os lençóis na cama. O meu espanto e nojo explodiu ao ver os lençóis sujos de esperma e sangue; recolhi depressa os lençóis e os coloquei em um balaio, corri na fonte do jardim para lavá-los; mas ao abrir a torneira, ao invés de água saiu lodo, eu fiquei desesperada."

No teste Rorschach essa paciente teve choque e rejeição em uma das pranchas, cujo arquétipo trata-se da relação a dois na dimensão afetiva, revelando o próprio conteúdo do sonho. Disse na sessão seguinte ao teste que ficou incomodada com as imagens que continham manchas vermelhas dentro de algo obscuro. Essa combinação de cores vermelhas e pretas mobilizaram na paciente os conteúdos oníricos confirmando a experiência da traição, algo vivenciado por ela, como dramático. A fonte do jardim da casa, que representava a instituição matrimonial, jorrava algo de sujo, irreparável e imperdoável para ela: a traição do seu esposo.

Uma decisão consciente, por ela tomada, após as sessões de psicoterapia e análise das evidências simbólicas oníricas, foi o rompimento definitivo do vínculo matrimonial, apesar das pressões e crenças moralistas impregnadas na sua consciência como condicionamento que exigiam e sugeriam perdão e manutenção do casamento.

Compartilho aqui um sonho, a mim revelado, por uma pessoa próxima como um pré-anúncio de eventos que na realidade poderiam acontecer e de fato aconteceram, na história de vida, nesse caso, na dimensão das relações mãe-filho.

"Sonhei que ouvia uma forte voz gritando o meu nome: Clara! Clara!, às três horas da madrugada, e despertei de repente, perguntando ao meu marido se ele tinha me chamado; ele respondeu que não e tentei dormir de novo, mas não consegui porque uma angústia intensa tomou conta de mim; passaram-se mais ou menos cinco minutos o telefone tocou e o meu filho Roberto me deu a notícia que meu outro filho, Rogério, tinha capotado o carro em uma ponte, quando voltava para casa depois de uma festa comemorativa com amigos. Estávamos distantes, em estados diferentes, eu e meu esposo no Pará, e meus dois filhos, Roberto e Rogério no Rio Grande do Sul."

Nos sonhos, o presente, o passado remoto e próximo, e o futuro, se compenetram como se estivéssemos fora do tempo, na dimensão da transcendência, na Eternidade e isso fica muito evidente nesse sonho, em que os conteúdos oníricos anunciam eventos e fatos da realidade, como apresentado por Clara, reafirmando a dimensão profética dos sonhos no existir humano.

O psicoterapeuta deve treinar o seu paciente na compreensão dos processos interpretativos e de seus fundamentos, de modo a torná-lo capaz de distinguir quando os conteúdos oníricos são apenas "refluxos" de acontecimentos do dia como ecos de acontecimentos e de experiências, quando são momentos analíticos e críticos de decisões a serem tomadas e quando os conteúdos revelam outras dimensões da existência como profecias de algo que vai acontecer. Esse último conteúdo onírico, denominado sonhos premonitórios, são como fenômenos de telepatia, que antecede os fatos na linha do tempo e no espaço.

Minkowski nos deu como última dimensão existencial e como um valioso suporte capaz de dar coragem à Existência, quando ameaçada pelo diabólico: a Prece.

Nas caminhadas da vida, a Prece foi por mim, assim vivenciada:

A Prece

Momento de máxima Interioridade
De expansão sem limites
Aos confins extremos
Do Tempo e do Mundo

Momento de encontros
De Tudo que está embaixo
Com Tudo que está em cima

Da Imanência com a Transcendência

Momento intenso
Quando no aqui-agora
De um presente vivo, operante
Concentra-se todo o passado
E se antecipa todo o futuro
Realizando em um instante
A sublime experiência da Eternidade

Na Prece, o Eu se afirma
Como pessoa singular
Se confirma em uma Presença
Que supera a sua individualidade
Sentindo-se parte responsável
Do destino da Humanidade

Na Prece, o Eu resolve as dúvidas
Compõe, em sintonia, os opostos
Vence o medo
Penetra nos mistérios
Lança-se em alto
Sempre mais em alto
Ao encontro com os "Espíritos"
Com as Essências
Ao encontro com Deus
Presença infinita
Presença amorosa
Em um diálogo inefável
Não traduzível em palavras
Que ilumina

Dá Energia, Força, Coragem
Para o enfrentamento
Da Ação Ética
Momento final, forte
Fortíssimo do Eu
Quando o Simbólico
Vence o Diabólico
Quando o Bem
Vence o Mal

Realizando Fé, Esperança
Na Liberdade do Amor
Dado à Humanidade.

(Rodolfo Petrelli, 2000)

11

A PRECE COMO DIMENSÃO RELEVANTE NO PROCESSO PSICOTERAPÊUTICO

"Encontro com o Vivente Imperecível" assim pode ser definido o impulso que lança os humanos na dimensão da Prece. A Prece tem as suas fundamentações filosóficas: a relação de um ente-finito com o Ser — Absolutamente — Essente para ancorar a existência finita à Infinitude da Existência e para garantir frente às ameaças do nada, a realização plena de todas as suas possibilidades.

É na consciência de uma Presença, que decai o não tempo, para dar início ao tempo que inicia a Prece. A Prece é o respeito da Presença, é o pulsar do coração que se contrai até colher a essência da sua singularidade para lançá-la na universalidade indestrutível do existente.

Na região transcendente do tempo e de todas as coisas do mundo, a Prece colhe os imperecíveis significados do existir humano, tirando a Presença da sua omissão culposa, dando-lhe razões e motivações para um agir ético totalmente responsável.

A Prece revigora a fragilidade e os defeitos da Presença, oferecendo clareza à consciência, iluminando-a na escuridão dos sentidos. Ao dar um significado à ausência da Presença, a Prece a torna significante à consciência.

Na Prece, a negação da Presença se converte em Presença atuante e ética, oferecendo-se como Graça. É na Prece, sobretudo, que a Presença ascende aos vértices das montanhas, lá onde nem as águias ousam pousar e onde o céu toca a terra, como disse (BATESON, 1986).

Nessa epígrafe sentencial, descoberta em uma pedra da antiga Grécia, por Carl Gustav Jung, declara a essência do encontro no "humano existir", nas duas dimensões da Imanência com a Transcendência.

ουρανό άνω = céu em cima
ουρανό χατώ = céu embaixo
άστρά ανω = estrelas em cima
άστρά χατω = estrelas embaixo
παν ο ανω = tudo que há em cima
τõυτο χατώ = o mesmo embaixo
πάντα λάβή = pegue todas essas coisas e se aproprie
χήέυτυχή = e disso faça bom uso

Afirmava Jung (1953 *apud* CALLUF, 1969) sobre os sonhos: "Os sonhos são as manifestações não falsificadas da atividade criativa do inconsciente".

11.1 A origem da Prece na história da humanidade

Um elemento constante da Prece, quase o seu dinamismo constitutivo, é uma elevação ao Alto como o sol, a lua e os astros em geral; e quando essa pessoa ou objeto (desejo ou intenção) não está no Alto, ele aí é colocado, pela Prece, daí a origem do significado Altar: o que está no Altar está em cima e quem não está no Altar está em baixo, no sótão.

Na Prece se vincula o que está em baixo com o que está em cima: o céu de cima com o céu de baixo, formando um Universo pleno! Por isso, o lugar da Prece é no alto das colinas, como também na profundeza da terra, nas grutas, nas catacumbas. A Prece é tanto uma profunda descida, quanto uma ousada ascensão ao que está sempre mais em alto.

Mas há outra dimensão que caracteriza a Prece: o lugar eremo, deserto, solitário, como se o contato com o Vivente exigisse uma absoluta exclusividade, uma exclusão de tudo e de todos os demais viventes, para o encontro com o Absoluto e Unicamente Vivente.

A solidão, no isolamento para a Prece, é uma ambiência física e psicológica necessária e muito importante também para o psicoterapeuta; é paradoxalmente uma ausência para quem uma Presença Única se desvela; quando não é possível ter acesso ao lugar eremo, esse lugar se cria até no meio de uma multidão festiva e berrante: os sentidos se fecham como por uma muralha defensiva ao redor do Espírito no seu encontro com o Absolutamente Essente. Por isso, os antigos ascetas privilegiavam os desertos, pois o deserto é simbolicamente representativo de um Nada Clamante para um Todo Silencioso Significante.

11.2 As razões da Prece

O que leva o humano, a pessoa, à Prece? Quais são os motivos que despertam a necessidade ou o desejo da Prece? A Prece manifesta um estado de necessidade, de carência? É só em uma situação de perigo e de risco que se torna instintiva e necessária a Prece? Em quais momentos do existir a Prece se faz presente como uma exigência do Espírito?

Não podemos negar o poder do instinto de sobrevivência: um náufrago jogado na tempestade do mar se apega a qualquer coisa que possa trazê-lo a salvo; e quando as dificuldades superam as nossas forças, somos levados a pedir ajuda. A obrigação de sobreviver é maior do que o nosso próprio orgulho, pois a vida pertence à espécie e não ao indivíduo.

Imaginemos a situação do *Homo Sapiens*, milhares e milhares de anos atrás, quando a ciência, fruto da experiência crítica e da aprendizagem, estava no início do seu poder de compreensão dos fenômenos e dos mistérios da natureza; catástrofes naturais, violência das agressões de animais contra os humanos sem defesa transformavam a experiência em algo mais cruel do que benevolente. O percebido sem vigor como uma força consciente e punitiva tinha que ser aplacado na sua ira com súplicas, como sacrifícios à divindade, oferendas cruentas, e imolação de animais e de humanos.

A Prece de uma humanidade impotente, aterrorizada, castigada pela natureza impiedosa só podia ser uma Prece de alienados, necessitados, homens prostrados no chão com mãos suplicantes. Talvez tenha sido essa dimensão primitiva da Prece, a levantar críticas severas contra a religião por parte de grandes pensadores como Nietzsche, Marx e Freud.

Essa dimensão primitiva é, porém, autêntica e podemos observá-la e reevocá-la em crianças, pessoas carentes de recursos, e sejamos sinceros em nós mesmos, quando o medo de algo ou de alguém, quando a angústia, o não senso, a doença, o trágico, a consciência da morte tomam conta de nós. Quem pelo menos uma vez na vida já adulto no segredo do seu coração não pediu ajuda a Deus, ou a alguma força misteriosa arcana?

O medo é um Existencial. Isso significa que é um constitutivo da experiência da existência do homem. O homem tem medo quando impotente frente a um perigo, mas tem medo também quando onipotente. Como Prometeu, da mitologia grega, personagem que roubou o fogo dos deuses, manifestando o seu poder e, ao mesmo tempo, devendo suportar as consequências desse ato, pois, simbolicamente, o fogo para o homem traz saber e poder, mas também o fogo pode destruí-lo, incendiar as suas lavouras e as suas moradias. Assim, a onipotência também é um perigo e pode mesmo destruir a própria humanidade!

Quem não teve medo dos seus poderes e das responsabilidades que o destino, os processos sociais, o status institucional lhe conferiram? Quem não se recolhe meditativo e temeroso antes de tomar uma decisão importante? Só o irresponsável, o leviano e o superficial não se eleva com uma reflexão e uma Prece antes e depois de uma decisão gravíssima a tomar ou na espera de um evento importante ou mesmo durante uma ação, cujo êxito pode mudar sua vida e a vida e do destino de muitos.

Talvez nesses momentos dramáticos a Prece seja o próprio *élan vital* que se recolhe em um esforço emane para que a vida, o existir, não precipite no nada. A Prece desses momentos nada tem a ver com condição de alienação, de renúncia; é um apelo fortíssimo à Coragem para uma Autenticidade e uma Dignidade da Presença: é um apaixonado apelo para não desistirmos, para continuarmos a travessia, para continuarmos a luta como o intrépido Davi contra o gigante Golias.

A expressão bíblica, no Salmo 37:5: "Entrega seus caminhos ao Senhor, confia Nele e Ele tudo fará", significa descobrir em nós um Poder quase divino, um poder que não apenas transforma a água em vinho; onde o desespero vira Esperança, o não senso em Desejo, e a morte em Vida. Para quem acredita em Deus, é Deus que dá ao homem o seu próprio Poder.

A Prece, porém, encontra na própria psique humana outras justificações que são fundamentais na hierarquia das tendências humanas: a pessoa não é apenas orientada por um conjunto de instintos para a sobrevivência individual e da espécie; é também motivada por desejos e valores que tecem as dimensões, estéticas, éticas e místicas da Existência.

Por meio de uma ascese psicológica, filosófica e moral, é possível afinar o Espírito e conduzi-lo às altíssimas regiões da experiência humana. Nessas regiões, a Prece assume as formas mais sublimes de um ato e um momento meditativo, contemplativo, projetado na Eternidade.

É Prece a investigação dos mistérios da Existência, do tempo, do mundo, da vida e da morte e dos infinitos significados que se abrem para nós. Na Prece, se percorre, no pulsar da consciência, o itinerário do tempo, do seu ponto de início ao extremo passado, ao seu ponto final — ao futuro ainda não alcançado —, pois o tempo terá um fim quando a matéria voltar a ser energia e quando a energia se tornar Singularidade como emanação do Espírito, Presença criadora única e absoluta.

Na Prece, o homem reconduz o seu tempo finito, a sua história, aos limiares da Eternidade onde tudo tem sentido, quando todo mistério será desvelado, todo incompreensível encontrará a sua razão última, todo erro a sua justificativa, toda heterodoxia a sua Verdade e toda transgressão os seus valores éticos.

Os profetas encontram na Prece a certeza de sua própria missão, o cumprimento da palavra proferida, mesmo quando essa palavra fere a certeza efêmera dos poderosos. A ação ética encontra na Prece, antes e depois, a sua máxima confirmação, mesmo quando em um Templo no seu Altar essa ação se torna um escândalo que provoca os Tribunais e as Sinagogas modernas; nos tempos advir, as Sinagogas e as Catedrais reconhecerão seus próprios erros e pedirão perdão!

A meditação transcendental é uma forma autêntica da Prece, é como se fosse alegoricamente um ir para frente, muito para adiante, para voltar atrás e ter certeza do caminho; é como elevar-se aos picos das montanhas, no infinito silêncio das imaculadas neves a observar de lá quanto são pequenos os nossos vales e efêmeras as nossas lágrimas.

Quando em um encontro psicoterápico se aconselha o paciente, amarrado aos seus dramas, a se elevar dando voltas para cima, e mais voltas, sempre mais no alto, estamos conduzindo-o às regiões da Prece. É Prece aquele olhar maximamente compreensivo, que liga um evento a outro, traçando o sentido de uma História de Vida, o sentido último da história, pois o sentido da história do dia a dia só se desvela tendo acesso e contemplando, na Prece, o fim da sua história.

A Prece tem ainda, na sua expressão madura, uma inegável dimensão contemplativa: a beleza de uma natureza incontaminada, a harmonia do Universo, a perfeição estética da criação, a suprema perfeição da Mente Divina. Tudo isso captura em um incomparável êxtase o Espírito do Homem.

Admiração, apagamento, gáudio, alegria e felicidade invadem o coração do homem com um sentimento de infinita gratidão e louvor por tudo que de belo e de perfeito existe e que nos foi dado a contemplar. Vibrar com o belo, vibrar com a harmonia, vibrar com o bem é prece que alimenta todos os desejos possíveis; e é o desejo que mantém o sentido da Existência. Dizia um grande mestre: "Me dê um desejo e acabo com toda depressão!" (MINKOWSKI, 1961).

A mais alta dimensão da Prece se dá no encontro com o infinito e com o "Onicompreensivo" Tu; se dá no diálogo com a inefável Presença de um Tu, fundamento de toda relação amorosa. Essa Prece dispensa toda palavra, exige o silêncio, pois como um fogo sagrado, se consome e se alimenta em uma presença silenciosa e criadora.

Nessa sublime região é indispensável que o homem supere as barreiras epistemológicas e emocionais de uma realidade que se limite dentro dos confins da imanência e se abra às possibilidades da transcendência. É necessário que a Fé penetre a razão e que juntas se projetem nas regiões da transcendência e lá encontre o Espírito na realidade de uma Pessoa; é o Espírito de Deus: Deus é o princípio Essente de cada pessoa, na sua Existência.

Nós, cristãos, acreditamos o que nos foi revelado: que Deus é uma Tríade Pessoal: Pai, Filho e o Espírito Santo como personificação do diálogo e do encontro entre as Pessoas do Pai e do Filho. O Espírito é a Terceira Pessoa atuante na Dualidade dialogante entre Pai e Filho. O momento último da Prece é o diálogo; quando se tece um diálogo autêntico, se tece uma Prece, como Presença do Espírito, porque Ele é o Mediador desse diálogo.

11.3 Psicoterapia e Prece

A lógica é elementar: a psicoterapia na sua essência é um diálogo, afirmava Binswanger (1973); o diálogo é Prece, segundo Buber (1974), e para ele, a psicoterapia se fundamenta, na sua essência, na Prece, e o Espírito de Deus é o Terceiro Operante no diálogo terapêutico entre o Eu e o Tu na relação paciente-psicoterapeuta.

A única exigência para que isso aconteça é dada por uma presença autêntica dos dois atores, o psicoterapeuta e o paciente: o primeiro deve se "apresentar" desarmado de todos os interesses venais, de todo sentimento de onipotência científica, de todo culto à sua própria personalidade, devendo se identificar na sua função como mediador entre o Espírito de Deus e o espírito do paciente.

O processo psicoterapêutico, usando a expressão de Hegel (1984), é uma "Fenomenologia do Espírito", mas sem cair em um alienante e mágico *"Deus ex machina"* (Deus artefato de uma máquina), o artífice da obra terapêutica. É Ele, o Espírito de Deus que, quando chamado na Prece "visita a mente", a alma, o coração, tanto do terapeuta quanto do paciente, soprando a vida, despertando desejos, abrindo os caminhos da Esperança, iluminando a inteligência, fortalecendo a ação.

É Ele que dirige a consciência na busca dos valores que dão sentido à vida de cada um, revelando em símbolos e nos sonhos os mistérios do tempo advir, a Verdade dos fatos, as intenções e os segredos dos corações. É Ele, Espírito Criador, o inspirador de toda Profecia, de toda ação inovadora, de toda obra mística e estética, de todo carisma.

É Ele a fonte do Amor Verdadeiro, da paixão dos corpos e da paixão das almas. É Ele que dá sentido à loucura, quando impregnada de Verdades, até nos "delírios" que nós definimos como apenas devaneios. É Ele que converte o perverso. É Ele que alimenta a comunhão a dois, a comunhão de três, a comunhão de uma família, a comunhão de todos nós!

11.4 A Prece no processo psicoterapêutico

É constrangedor reduzir a Prece a um método, por ser ela a atividade mais sublime do ser humano. Diria Buber (1974) que a Prece não tem um tempo próprio definido, pois acompanha a vida, e essa é a sua mais evidente manifestação. A Prece, no seu momento mais intenso, pode durar até uma fração de segundos, e às vezes pode perder o seu "quando" no calendário das horas do dia e dos dias na semana. A Prece não pode ser mensurada, nem mesmo cronometrada; não entra em uma agenda de compromissos, a Prece transcende os momentos do tempo, pois está acima dele, na Eternidade. A Prece é um tempo vivido e não um tempo medido, afirmava Minkowski (1961).

A Prece não tem o seu próprio lócus e o Templo não é o seu único lugar; o seu eco ressoa nos desertos, nas barulhentas avenidas das metrópoles, nos casebres de barro dos excluídos, nos leitos de morte dos adoecidos e até mesmo nos corredores dos presídios dos sentenciados e condenados.

A Prece não precisa de rituais, de vestimentas, de cerimoniais, de objetos sagrados, de gestos, uma vez que acontece de dentro, no interior da consciência, que é o Templo da própria Prece na sua dimensão autêntica e verdadeira.

A Prece não obedece a nossa vontade, que às vezes irrompe ou rompe os nossos planos de ação e de execução. Não é o Tempo, não é o Templo, nem é o Rito que fazem nascer a Prece, mas é o Espírito, o seu Sopro, absolutamente livre.

Apesar de tudo isso, a Prece nas suas finalidades psicoterapêuticas obedece a um chamado, submetendo-se a uma disciplina operativa: *"Veni Creator Spiritus"* e Ele vem. Nesse sentido, a Prece obedece a um método, desde que a nossa presença esteja aberta ao Espírito.

No processo psicoterapêutico é preciso acreditar na Presença operante do Espírito e fundamentar, nessa presença, aqueles processos interativos entre terapeuta e paciente, que chamamos de transferência: *"mentes tuorum visita, imple superna gratia quae tu creasti pectora"*; nesse momento, o terapeuta pede, e o seu pedir é Prece, uma grande abertura mental, para si e para o paciente, e pede também uma disponibilidade para o paciente receber os dons da psicoterapia, dons que são sempre gratuitos, pois a psicoterapia é Graça como também a Prece é graça e a graça é Divina.

O paciente nos paga um honorário não pelo momento terapêutico em si, mas como subsídio do nosso tempo envolvido, manutenção do consultório e outras questões mercantilistas do mundo capitalista; porque na sua essência e autêntica dimensão, a psicoterapia como Prece é um Dom gratuito, é Graça plena.

O terapeuta não julga incriminando e condenando o seu paciente, mas o defende, sendo o seu grande advogado; grita e apela para a inocência dele, que quando quebrada pode vir a ser reconstruída como consciência transparente e atuante, mesmo quando nesses momentos decai em estado de omissão ou de confusão.

O terapeuta é um guia para o seu paciente conduzindo-o na compreensão de si mesmo e no resgate de uma plena consciência nas suas experiências de vida, bem como no seu agir, verdadeiramente autêntico.

"*Qui diceris Paraclitus*", termos em língua grega que significam gritar a favor de alguém; *Paraclitus,* o Espírito que grita a nosso favor frente ao seu Deus; o terapeuta grita "dando" sentido à demência, à epilepsia, à neurose, à depressão, à esquizofrenia, traduzindo o adoecer da mente nos seus sofrimentos e nos seus efeitos uma explicação científica para si e para o outro (paciente) na razão compreensiva.

No seu paciente é a humanidade que sofre e o terapeuta recebe do Altíssimo o dom de Deus, de ser a cura, a água, o fogo, unguento que alivia as feridas: "*Altissimi donum Dei, fons vivus, ignis, caritas et spiritalis unctio...*"

O Existencialismo se divide em duas vertentes: uma negativista, liderada por Sartre e que proclamava e definia a existência como um vir-a-ser-para-o-nada, e outra positiva, otimista, de Maine de Biran, Gabriel Marcel e Jacques Maritain, que afirmaram ser a existência um vir-a-ser para infinitas possibilidades.

"Tu septiformis munere destrae Dei tu digitus, tu rite promissum patris sermone dictans guttura..." O terapeuta é a mão de Deus, é o Espírito que desperta no Desejo e na Esperança a atuação das possibilidades recônditas latentes no *élan vital* dos seus pacientes. As palavras do terapeuta mobilizam a descoberta de tesouros escondidos prometidos, dados como potencialidades que esperam ser realizadas em obras pelo seu próprio paciente.

O terapeuta é um guia, como uma "reencarnação simbólica" de Eneias, que conduz Virgílio e que dirige Dante ao inferno e depois ao Paraíso: como um condutor que acompanha o viajante. O terapeuta orienta seu paciente nas travessias da existência, despertando sentidos, acendendo paixões, confirmando-o na busca da sua própria Verdade, consolando-o nas derrotas e o fortalecendo nas enfermidades, quando o corpo estremece na luta para conseguir a virtude: *"**Accende lumen sensibus, infunde amorem cordibus, infirma nostri corporis, virtute firma perpetim...**"*

A existência é sempre uma luta com inúmeras batalhas, é viver, às vezes, uma agonia e que agonia! Inimigos por todos os lados, lutos, traições, perdas, fracassos, desencontros com amigos, separação dos amantes. O terapeuta escuta, acompanha, compreende, tranquiliza recompondo a confiança e a paz, a bonança depois da tempestade: *"**...Hostem repelas longius, pacem que done protinus, ductore sic te praevio, vitenus omne noxium...**"*

Enfim, a tarefa final do terapeuta é conduzir o paciente no íntimo da essência do diálogo, torná-lo um ser-em-comunhão consigo, com o outro, com o mundo, com o cosmo, com o Espírito, pessoa Divina, capaz de fundamentar toda amizade verdadeira, todo amor autêntico, todo vínculo no amor de Pai, no amor de Filho, no amor de esposo, esposa, de irmão e de amigo... *"**Per te sciamus ad Patrem, noscamus atque Filium te utriusque Spiritum, Credamus omni tempore.**"*

12

COMPOSIÇÃO GRÁFICA DA REGIÃO ONÍRICA

Observem este desenho gráfico:

Figura 1 – Composição gráfica da região onírica

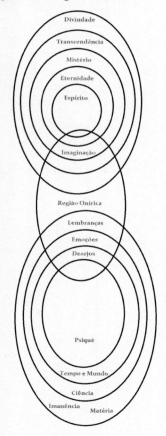

Fonte: o autor

E a composição gráfica, a seguir:

Figura 2 – As dimensões Existentivas – Existenciais da humana experiência

Fonte: o autor

Figura 3 – Gráfico da complexidade do experienciar humano

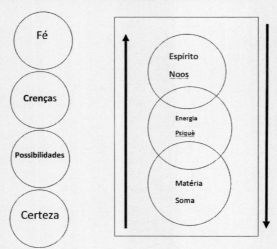

Fonte: o autor

Os sonhos estão na esfera central como regiões *borderline* entre o campo inferior e o campo superior:

- Da Imanência para a Transcendência
- Da Matéria para o Espírito
- Dos limites à uma Energia ilimitada
- Do mundo finito à Infinidade cósmica
- Do tempo mensurável à Eternidade
- Do concreto ao abstrato
- Da ciência e suas tecnologias à sabedoria
- Do experimentável mensurável ao imaginário
- Do factual ao simbólico
- Do prosaico verbal ao indizível
- Do humano ao Divino

Os sonhos representam múltiplas vivências de situações pessoais, sociais e culturais; são tribunais, palcos cênicos onde se apresentam dramas da vida, são quartos nupciais, Templos Sagrados, ruas desertas onde multidões passam correndo, como no sonho de Viktor Frankl, são prostíbulos, prisões, grutas profundas, mares em tempestades, destroços de navios, são desertos áridos, oásis no deserto, entradas imperiais, vulcões explodindo, mas também são entardeceres serenos e auroras promissoras, campos floridos na busca incansável da Verdade sem fim.

Os sonhos são representações permeadas de significados em todas as suas manifestações, seja nas mãos dadas nos abraços amorosos ou nas mãos ameaçadoras lançadas com dedo indicador inquisidor, seja nas faces de um sorriso inocente ou nos vultos cinicamente sorrindo após uma vingança realizada, sem piedade na traição escondida e na morte planejada. São também representações dos sonhos: flores se abrindo nas cores em um belo jardim, ou secas, recolhendo-se e decaídas no quintal; árvores secas com seus galhos cortados e raízes expostas na terra árida e queimadas pelo fogo, e florestas incendiadas.

Também têm seus significados os conteúdos oníricos nessas configurações instrumentais: vasos preciosos dados à admiração, mas vasos quebrados por amantes enfurecidos; velas iluminando a escuridão da noite e velas se apagando; potes secos sem água; espelhos quebrados revelando a verdadeira face de quem se esconde atrás das máscaras.

Todos esses elementos oníricos simbólicos, universais e singulares, impregnados de sentido e com palavras ditas ou não ditas, podem anunciar conselhos, admonições, sentenças, condenações e até Profecias, desvelando segredos de histórias de vida na linha do tempo: passado e presente no seu advir.

Nos sonhos não há "portões" que não possam ser abertos, não há barreiras que não possam ser demolidas e obstáculos que não possam ser atravessados e transpostos.

No processo interpretativo o material onírico deve ser considerado como um todo temático expressivo de respostas esclarecedoras da situação experiencial e existencial do sujeito, ou como parte, momento, registrando uma história de vida do mesmo que ainda não terminou, mas que quer chegar ao seu fim com significados dados à Existência na responsabilidade do Eu, protagonista autor e ator dessa História de vida.

Observem agora estes delineamentos gráficos e suas palavras-chave, que esclarecem todos esses processos anteriormente expostos:

Figura 4 – O itinerário da Imanência para a Transcendência e suas dimensões experienciais

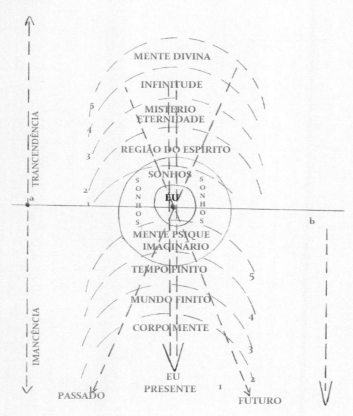

Fonte: o autor

Reta a / b

a – Região da Transcendência

b – Região da Imanência

a1 – Região do Espírito

a2 – Eternidade: tempo infinito

a3 – Infinitude cósmica

a4 – Região dos Mistérios

a5 – Preexistente Absoluto
b1 – Região do Eu corpóreo
b2 – No mundo finito
b3 – No tempo finito do passado
b4 – Mente corpórea
b5 – Mente psiquismo imaginário

Figura 5 – Processos ascendentes das operações da mente

Fonte: o autor

A região onírica está no momento e no espaço *borderline* das duas regiões de experiências e de vivências do Eu no seu ser-lançado a existir.

O Eu existe provindo do Nada, afirmava Sartre (1967).

O Eu é proveniente de um incidente generativo de um puro "acaso" ou de um desejo generativo de genitores conscientes ou de um Desejo de uma Mente Divina, Essente, Preexistente, que decretou a minha, a tua, a nossa Existência?

Há uma analítica existentiva contida na imanência do tempo e do mundo finito e há uma analítica Existencial que nos chama a pensar e a analisar na dimensão da Transcendência e da Eternidade, a origem do nosso Espírito.

O analista abre a mente para o mistério da origem e da consciência ontológica da nossa Existência; somos "ideias divinas", faíscas do Infinito e intenso brilho da Divindade: Absoluto-Essente Preexistente que deu origem ao todo existente na ordem da Matéria, da Energia, do Espírito, das inúmeras miríades, dos seres existentes cada um na sua essência e diferença. Tudo e todos são expressões e revelações da Mente Divina Omnipotente, Omnipresente, Omnisciente, Previdente e Providente.

Como desejos divinos, nós por Ele pensados e desejados somos eternos. Como matéria, somos finitos no tempo e no espaço; mas como Espírito nos desejos e nos planos de Deus pertencemos à Eternidade. Esse "imaginário" se tornou realidade como acontecimento histórico e como consciência significativa da nossa "Presença" nas palavras de João, no seu prólogo, versículo 1: 14: "***Et Verbum caro factum est, et habitávit in nobis***"; "A Palavra (de Deus) se fez Carne e habitou conosco, em Cristo, Filho da Virgem Maria".

A mensagem dessas sagradas Palavras é a salvação da humanidade, Palavra-Ideia, Identidade-Corpo, tornando-se História.

Existir exige ter consciência da nossa "Ideia", descobri-la na reflexão, na meditação, na Prece, mas que também se revela nos Sonhos e constitui sobre essa ideia a nossa identidade, dando-lhe corpo e consistência na sua História.

A CURA PELA PRESENÇA DO AMOR

*"**Ubi caritas et amor, Deus ibi est**"*, que significa: "Onde há caridade e amor, Deus está Presente", é um trecho do Canto Gregoriano do século XIV.

Não há prova mais convincente da existência de Deus do que um ato de Amor, de uma relação de Amor entre um Eu e um Tu que juntos enfrentam a existência no quotidiano da vida, e quando verdadeiro, é Divino.

O Amor é abertura total ao outro, é dar-se graciosamente ao outro para além de interesses e vantagens, para além das obrigações, para além dos méritos: o Amor é Graça.

Do Amor nasce a vida, o Amor é a cura da vida, o Amor ressuscita a vida.

Os desejos brotam como flores e amadurecem como frutos no coração de quem ama e são dados como razão de viver e como Esperança para a pessoa amada.

O Amor é o luar das noites, é luz do amanhecer que rompe a escuridão e aquece a vida para mais um dia e para todos os dias dos tempos que virão. O que seria do Planeta Terra se o Sol se apagasse? Trevas, frio e morte!

Agostinho (1973, p. 171), o Santo filho do Amor da mãe Mônica, disse: *"**crede ut intelligas**"*, que significa "acredite se queres entender"; a Fé abre o caminho da inteligência; mas o mesmo Agostinho, em outro momento de grande inspiração disse também: "ama e faz o que quiseres", porque tudo o que se faz por amor é ético.

O Amor é o último paradigma da ética; quem ama tem ética, tem moral.

O Amor é o mais alto dos valores humanos; está acima das leis, as justifica, as sustenta, mas as questiona também e as destitui de autoridade, na desobediência ética, civil, quando elas se pervertem traindo e negando a dignidade e os direitos das pessoas.

O Amor é soberano, absolutamente livre e criador; pela Prece o amor tem acesso na transcendência, à morada dos justos, dos profetas, dos santos, dos grandes amantes de Deus, do Verbo de Deus que se fez carne por Amor, pregando o Amor como o maior dos mandamentos e síntese de todos os outros.

O Amor não faz apenas os corpos estremecerem pela paixão, mas funde as almas dos amantes em um só espírito, em sintonia, em sincronia, em uma só voz, hino à vida.

O Amor é fusão dialogante dos corpos por uma genitalidade procriadora da vida, do prazer da vida e da vida dada aos filhos.

O Amor é, porém, pura contemplação estética do belo, dos corpos viventes nas diferenças de raça, gênero, idade. O belo de um bebê, uma criança, um adolescente, um jovem, um adulto, é, na essência, o mesmo belo de um corpo vivente de um ancião: são formas estéticas diferentes da beleza originária da humanidade.

O Amor se dá na pura contemplação das almas, é diálogo dos Espíritos dentro e fora dos corpos, no tempo e na espera da Eternidade e na ressurreição da Carne.

O Amor se vive no presente, se vive pela memória, no passado, projeta-se no futuro; o Amor é eterno, sobrevive ao tempo, sobrevive à separação, sobrevive à própria morte.

Essas palavras podem talvez ser consideradas imaginação, poesia, filhas do sonho e da utopia. Mas há algo de mais consistente e real do que a simples imaginação e a poesia? Uma coisa é certa: a poesia do Amor se transforma em realidade do Amor; transforma a pobreza em riqueza, a fragilidade em força, a tristeza em alegria, a loucura em razão, o morrer no viver, a morte na Esperança de uma vida eterna.

Essas palavras foram um cântico ao Amor; brotaram espontâneas do coração de um homem amante, na busca perene do Amor, incansável peregrino no Templo do verdadeiro Amor, aprendendo com os erros e acertos, nos encontros e desencontros, no desvelamento do Eu e no descobrimento do Tu, no arrependimento e no perdão.

O Amor porém, tem a sua "prosa" dada por traços de personalidade a serem construídos na autorreflexão quotidiana, na disciplina, no autocontrole, na dialética dialogante, nos processos de psicoterapia, e, sobretudo, na convivência amorosa com a pessoa amada, amante, palavra tão bela, mas tão equivocada hoje nos seus significados.

Esses traços são frutos da reflexão sobre uma "analítica existencial" psicológica do Amor — categoria ética da Existência que qualifica a Presença.

O Amor é atenção vígil, é escuta de vozes próximas e distantes, é escuta dos silêncios do inefável; é apelo, espera, busca; é resposta para quem nos chama e quem nos procura, é um receber de quem passa, de quem para e de quem bate na porta da nossa morada, do nosso jardim, da nossa "Torre de Marfim", onde estão recolhidos os nossos tesouros.

É amparar, proteger, dividir, mas é também festejar e cantar, dançar bebendo no cálice em que é jorrado o vinho da Verdade, do Eros e da felicidade.

O Amor é tolerar; a tolerância é uma virtude ontológica, é a virtude dos fortes, é aceitar as diferenças do ser existente e as suas múltiplas e possíveis formas de poder Vir-a-Ser.

Amar é respeitar o espaço da vida da pessoa amada: o corpo do outro é Templo, é sagrado; a alma do outro é mistério inviolável, é celeiro de sementes para sempre novas colheitas.

Amar é deixar o ser amado descobrir os seus próprios valores retidos no inconsciente, ou acorrentados pelo medo do insucesso, pelas dúvidas da incompetência.

Amar é valorizar o outro despertando-lhe a consciência das suas potencialidades e dos seus recursos, abrindo-lhe os olhos para dar atenção às oportunidades que passam e que podem não voltar mais; é dar atenção às situações favoráveis que se somam às forças individuais.

Amar é uma presença que entra no destino do Outro e faz história com o Outro; é intuição, compreensão, paixão-compaixão, investindo no ser amado tudo que de bom, de bem e de belo se tem no coração, com toda Fé e Esperança possível no seu futuro.

Disse o grande poeta alemão, Goethe (2005): dar Esperança é dar vida, é ajudar o outro, especialmente se for criança, adolescente e jovem a transformar a realidade presente de acordo com o ideal esperado.

O futuro quando construído na Esperança pode resgatar até um passado perdido na obscuridão do mal, podendo até levar à verdadeira conversão.

Nesse momento, o Amor dado como presente é cura da Existência, seja por quem ama porque o eleva ao mais alto nível ético, seja também pela pessoa amada, convidada a partilhar dessa riqueza espiritual do seu amado-amante.

O Amor é remédio da Existência posta em risco pela "tirania da malícia", pelo "ciúme, inveja e cobiça", afirmava Berke (1999); pelo "terrificante operante", Sullivan (1962), pelo "demoníaco diabólico" (ROLLO MAY, 1981); *Thanatos*, força perversa e destrutiva que coage o homem a ir contra si mesmo, no suicídio, de acordo com Menninger (1970), e contra o outro, na violência dos homicídios e dos genocídios, conforme Fromm (1964).

O Amor, para esses grandes pensadores: "É cura da Existência", afirmava Jaspers (1973); é convivência construtiva, como se refere Binswanger (1970); é intimidade autêntica na relação dialogante entre Eu-Tu, como diz Buber (1974); dá coragem para existir (TILLICH, 1952); dá significado à dor, segundo Buytendijk (1952); dá significado ao morrer, garante Maritain (1994); dá significado ao viver, como diz Meister (*apud* SCHELER, 1994); enfim, o Amor é a mais plena e verdadeira ação ética, nas palavras de Minkowski (1961).

Que presente maravilhoso amar e ser amado!
Vale a pena viver, valeu a pena ter vivido,
Porque o Amor é Divino,
O Amor é Eterno.

(Rodolfo Petrelli, 2000)

REFERÊNCIAS

AGOSTINHO (Santo Agostinho). **Confissões** [Confessionum, Libri Tredecim]. Tradução de J. Oliveira Santos e A. Ambrósio de Pina. São Paulo: Abril Cultural, 1973. v. 6. (Coleção Os pensadores).

ALLPORT. **Psicologia Existencial**. Rio de Janeiro: Editor Globo, 1986.

BASAGLIA, F. **La maggioranza deviante**. Torino: Einaudi, 1971.

BATESON, G. **Mente e Natureza**. Rio de Janeiro: Livraria Francisco Alves Editora S.A., 1986.

BERGSON, H. **Matéria e Memória**: ensaio sobre a relação do corpo com o espírito. 2. ed. São Paulo: Martins Fontes, 1999.

BERKE, J. **The tyranny of malice**: exploring the dark side of character and culture. New York: Summit Books, 1988.

BERKE, J. **A Tirania da Malícia**: explorando o lado sombrio do caráter e da cultura. Tradução de Myriam Campello. Rio de Janeiro: Imago Editora, 1992.

BINSWANGER, L. **Essere nel mondo**. Roma: Astrolábio, 1973.

BINSWANGER, L. **Melanconia e Mania, studi fenomenologici**. Torino: Boringhieri, 1970.

BUBER, M. **Eu e Tu**. Introdução e Tradução de Newton Aquiles Von Zuben. São Paulo: Centauro, 1974.

BUYTENDIJK, F. J. J. **Phénoménologie de La Rencontre**. [S. l.]: Desclée De Brouwer & Cie, 1952.

CALLUF, E. **Sonhos complexos e personalidade**: a psicologia analítica de C. G. Jung. São Paulo: Editora Mestre Jou, 1969.

FRANKL, E. V. **Teoria e Terapia Delle Neurosi**. Brescia: Morcelliana Editora, 1962.

FRANKL, E. V. **Psicoterapia nella pratica medica**. Itália: Barbera Editora Universitária, 1967.

FRANKL, E. V. **Logoterapia e analisi esistenziale**. Brescia: Morcelliana Editora, 1972.

FREUD, S. **A interpretação dos sonhos**. Capítulo 6. O trabalho do sonho, Obras Completas. Rio de Janeiro: Imago, 1972. v. 5.

FROMM, E. **A Linguagem Esquecida**. Milano: Bompiani, 1964.

GEERZT, C. **Antropologia interpretativa**. Bologna: IL Mulino, 1988.

GOETHE, J. W. V. **Selected Poetry**. Tradução de David Luke. Nova York: Editora Penguin Group, 2005.

GOFFMAN, E. **Stigma**: l´ identitànegata. Bari: Laterza, 1970.

HEGEL, G. F. **Phänomenologie des Geistes**. Neu hrsg. Von Hans-Friedrich Wessels u. Heinrich Qairmont. Hamburg: Meiner, 1988. Florença: La Nuova Itália, 1973. 2. v. (Usamos também a edição Suhrkamp da Fenomenologia, 1984). (Traduções da Fenomenologia italiana: Enrico de Negri. Fenomenologia dello Spirito).

HEIDEGGER, E. **Essere e tempo**: Milano. Roma: Fratelli Bocca, 1953.

HUSSERL, E. **Fenomenologia de la consciência del tempo imanente**. Buenos Aires: Nova, 1959.

JASPERS, K. **Psicopatologia Geral**. Rio de Janeiro: Ateneu, 1973. v. 2.

JUNG, C. G. **O homem e seus símbolos**. Tradução de Maria Lúcia Pinho. Edição especial brasileira. 6. ed. Rio de Janeiro: Editora Nova Fronteira.

MAINE, F. P. G. B. **Essais ur les fondements de la psychologie et sur ses rapports avec l'étude de lanature, I, in ID, Oeuvres de Maine de Biran** (dir. F. Azouvi). Paris: Vrin, 2001. t. 7-1.

MARITAIN, J. **Introdução Geral à Filosofia**. 17. ed. Tradução de Ilza das Neves; Heloisa de Oliveira Penteado; revista por Irineu da Cruz Guimarães. Rio de Janeiro: Agir, 1994.

McCULLY, R. **Rorschach**: teoria e simbolismo, uma abordagem junguiana. Belo Horizonte: Interlivros, 1980.

MEISTER, J. A. F. **Amor X Conhecimento**: inter-relação ético-conceitual em Max Scheler. Porto Alegre: Editora PUCRS, 1994.

MENNINGER, K. **Eros e Tânatos**: o homem contra si próprio. São Paulo: Editora Ibrasa, 1970.

MENNINGER, K. **Eros e Tânatos**: o homem contra si próprio. São Paulo: Editora Ibrasa, 1970.

MERLEAU-PONTY, M. **O visível e o invisível**. São Paulo: Editora Perspectiva, 1960.

MERLEAU-PONTY, M. **O olho e o espírito**. Rio de Janeiro: Grifo, 1969.

MERLEAU-PONTY, M. **Fenomenologia da percepção**. Rio de Janeiro: São Paulo: Livraria Freitas Bastos, 1971.

MINKOWSKI, E. **Il tempo vissuto**. Torino: Einaudi, 1961.

MINKOWSKI, E. et al. **Antropologia e Psicopatologia**, por E. Minkowski, E.W. Straus e V. E. van Getsatte. Milano: Edira Valentino Bompiani, 1967.

PETRELLI, R. A Prece como dimensão relevante no processo psicoterapêutico. **Revista da Abordagem Gestáltica**: Phenomenological Studies, Instituto de Treinamento e Pesquisa em Gestalt Terapia de Goiânia, v. XII, n. 2, p. 143-151, diciembre 2006. Disponível em: http://www.redalyc.org/articulo.oa?id=357735505012.

PETRELLI. R. **Contestazione e Speranza**: Una nuova teoria delle´educazione. Torino: Gribaudi, 1973.

ROLLO, M. **Poder e Inocência**. São Paulo: Zahar Editora, 1981.

RORSCHACH, H. **Psicodiagnóstico**: método e resultado de uma experiência diagnóstica de Percepção (interpretação de formas fortuitas) [Psychodiagnostik. Berna, Stuttgart, Hans Huber, 1921]. Tradução de Marie Sophie de Villemor Amaral. São Paulo: Mestre Jou, 1978.

SARTRE, J. P. **A imaginação** [L´Imagination. Paris: Presses Universitaires de France, s/d]. Tradução de Luiz Roberto Salinas Fortes. São Paulo: Difusão Europeia do Livro, 1967.

SULLIVAN, H. S. **Teoria interpesonale della Psichiatria**. Milano: Feltrinelli, 1962.

SULLIVAN, H. S. **Studi clinici**. Milano: Feltrinelli, 1968.

THOREAU, H. **Desobedecendo** – A Desobediência Civil e outros escritos. São Paulo: Rocco, 1984.

TILLICH, P. **A Coragem de Ser**. Baseado nas Conferências Terry Pronunciadas na Yale University [The courage to be]. Tradução de Eglê Malheiros. 5. ed. Paz e Terra. Yale University Press, 1952, New Haven, Connecticut Traduzido do original em inglês The courage tobe Capa Sabat CIP-Brasil.

TILLICH, P. **Dinâmica da Fé**. Tradução de Walter O. Schlupp. 7. ed. São Leopoldo: Editora Sinodal, 2002.

TOSI, R. **Dicionário de sentenças latinas e gregas**. São Paulo: Martins Fontes, 1996.